바람은 썩지 않는다 · 2

진주의병장 정한용 후손의 자전에세이

정현경 지음

문학공원 산문선 73

진주의병장 정한용 후손의 자전에세이

바람은 썩지 않는다 · 2

정현경 지음

날다가 떨어져 죽는 한이 있더라도 날아보자.
누군가를 위해 조금이라도
도움이 되는 활동을 할 수 있다면,
그것이 삶의 에너지가 아닐까.

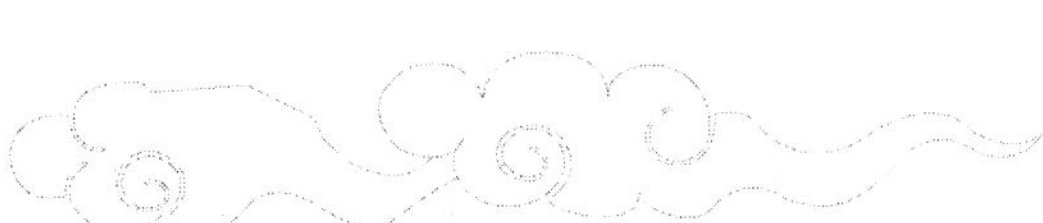

문학공원

책을 펴내며

삶의 에너지

햇살이 장독대에 내려앉았다. 세수한 햇살이 배가 고팠나 보다. 무엇을 먹었을까? 햇살은 한참을 있다가 떠났다. 비 내리는 날 장독대 문 앞은 쓸쓸하다. 찾아오는 빛은 없고, 어둠만 내려앉았다. 해가 뜨지 않았다고 멈추는 시간이 아닌데, 왜 마음은 그림자 하나를 그려낼까? 인생의 수레바퀴는 쉬지 않고 돌아가는데, 나는 미처 깨닫지 못할 뿐이었다.

2020년 코로나19라는 세계적인 역병과 동거하며 3년의 세월을 보냈다. 2023년에 꿈틀거리기 시작한 진천군 동아리 활동의 활성화로 제6기 '이야기 밥상'이라는 글쓰기 활동이 재개되었다. 2019년 제5기 자서전작가 양성과정에서 펴낸 『바람은 썩지 않는다』가 자기 치유적 글쓰기였다면, 이번 활동에서 펴낸 『바람은 썩지 않는다 · 2』는 서훈받지 못한 증조부의 서훈받는 과정에 역점을 두었다. 그리고 내 고조부의 쌀 천 석 기부행위가 없었다면, 이 글쓰기는 생각지도 않았을 것이다. 2020년도 처음으로 고조부의 행적을 알게 되었다. 고조부와 증조부의 행적을 인터넷으로 찾아보고, 친척들의 이야기를 들었다. 그분들이 살아간 삶을 그대로 방기하면, 아쉬움이 많을 것 같아 『바람은 썩지 않는다 · 2』를 이어가기로 했다.

이제 부모님은 흔적만 남기고 돌아올 수 없는 세상으로 가셨고, 자식들은 새 둥지를 꾸미느라 바쁘다. 여유가 생긴 나의 자리는 빈 둥지가 되었다. 빈 둥지에 앉아서 풀잎처럼 시들어가면서, 기운 빠진 새처럼 둥지만 지킬 것인가? 그럴 수는 없는 노릇이다. 날 수 있는 기력이 조금이라도 남아있다면, 날아보자. 날다가 떨어져 죽는 한이 있더라도 날아보자. 누군가를 위해 조금이라도 도움이 되는 활동을 할 수 있다면, 그것이 삶의 에너지가 아닐까.

정직하고 성실하게 사는 사람들은 알고 있다. 장독대에 내려앉는 햇살처럼 밝고 따뜻한 기운이 이 세상에 가득하다는 것을. 내일도 햇살의 방문을 기다리며 장독대를 채워 놓는다.

이 장독대를 채워가는 과정을 함께 해주신 봉은희 지도교수님의 따뜻한 손길과 그 손 함께 잡고 우분투(UBUNTO)한 이야기밥상 문우님들, 함께해 주셔서 즐거웠습니다.

매주 우리시 문창반을 지도해 주시는 나순옥 선생님과 늘 격려해 주시는 문우님들, 감사합니다. 언제나 다급하게 손 내밀어도 경쾌하게 받아주시고, 늘 격려로 희망의 불꽃을 지피게 하는 문학공원 김순진 대표님께도 감사드립니다. 그저 말없이 지켜보는 우리 가족들 모두 고맙습니다.

여기 쓰인 글들은 내가 살아오면서 겪고, 느낀 이야기라 내 주관적인 생각과 나의 감성과 감정이 묻어있는 이야기입니다. 넓은 마음으로 혜량해 주시면 고맙겠습니다. 이 책이 나오기까지 나의 하소연을 들어 주고 도움을 주신 모든 분들께 감사드립니다.

축하의 글

아버지의 시

정찬화

밤하늘

동산에 달 뜨니 한 편의 하늘그림

이태백이 살았으면 서정으로 집을 지어

술 한 잔 손에 받쳐 들고

달을 향해 읊으련만

- 2022년 진주엠마우스 요양병원에 계실 때
전화로 읊어 준 시조 한 편

축하의 글

가을 잠자리

정찬화

겨울이란 죽음을 눈앞에 두고
잘도 노는구나 가을 잠자리

노자를 읽었느냐 장자를 배웠느냐
자연에 맡겨두고 걱정이 없네

꽃피면 져야 하고 오면은 가야 하니
인생 회한이 만 리 정이로구나

- 2018년 포천 송우리에서 함께 살고 있을 때
읊어 주신 시

차례

제1부
지난 세월 허망하여도

제2부

흔적 따라

제3부
선물로 온 오늘이 있기까지

제4부

우듬지처럼 자라는 새싹

제1부

지난 세월 허망하여도

정한용 의병장의 가계도

- 포은 정몽주 16대손

분 류	생부(生父) 가계	양부(養父) 가계	비 고
조부(祖父)	정환우 (동몽교관, 증조봉대부)	정환승(수군절도사, 병마절도사, 내금위장, 선전관, 훈련도감별장, 절충장군)	
부(父)	정철기 : 통훈대부 행, 군무아문주사 (진주병영 쌀 천 석 기부)	정준기 (선전관, 과천현감, 내금위장, 절충장군)	
형(兄) 본인(本人)	정호용(통훈대부 행, 고종황제 우시어) 정한용(진주의병장)	정한용(무과급제, 진주의병장)	정준기 가계로 정한용 양자
자(子)	정화영(장남)	정화영(장남) 정태영(차남)	정호용 가계로 정화영 양자
손(孫)	정찬화	정준화	정찬화 : 2023 사망 정준화 : 2002 사망
증손(曾孫)	정연확(장남) 정현경(장녀) 정연웅, 정연순(2019, 사망) 정연옥, 정연준	정연일(장남) 정연규(차남) 정연숙(장녀)	

향토문화전자대전

정철기 [鄭喆基]

분야	역사 / 전통 시대, 성씨 · 인물 / 전통 시대 인물
유형	인물 / 문인 · 학자
지역	경상남도 진주시
시대	조선 / 조선 후기
출처	디지털진주문화대전 - 정철기

정의

조선 후기의 선비.

가계

본관은 연일(延日), 자는 응현(應賢), 호는 옥초(玉樵), 포은(圃隱) 정몽주의 후손이다.

활동사항

임술민란(壬戌民亂 : 진주민란)을 겪은 뒤로부터 진주 병영(兵營)의 창고가 비게 되자 정철기가 쌀 천 석을 바쳤다.

상훈과 추모

진주 병영에서는 「연일정씨의창(延日鄭氏義倉)」이라는 6글자를 고문(庫門) 밖에 써서 달았고 또 조정에 전보하니 선공감가감역(繕工監假監役)을 제수하였다.

- 자료출처 : 네이버 지식백과, 정철기(鄭喆基), 한국향토문화전자대전

향토문화전자대전

정봉기 [鄭鳳基]

분야	역사 / 근현대, 성씨 · 인물 / 근현대 인물
유형	인물 / 문인 · 학자
지역	경상남도 하동군 옥종면 북평리
시대	근대 / 개항기
출처	디지털하동문화대전 - 정봉기

정의

개항기 하동 출신의 유학자.

가계

본관은 연일(延日), 초명은 정효기(鄭孝基), 자는 응선(應善), 호는 수재(守齋). 처음에는 호를 회계(晦溪)라 하였다가, 만년에 『논어(論語)』의 "목숨을 걸고 지키며 도를 선하게 한다[守死善道]"라는 구절에서 취하여 수재라 하였다. 고조할아버지는 송죽헌(松竹軒) 정도관(鄭道貫)이고, 증조할아버지는 청계(淸溪) 정국제(鄭國濟)이며, 할아버지는 통덕랑 정현채(鄭顯采)이다. 아버지는 증동몽교관(贈童蒙敎官) 정환우(鄭煥愚)이며, 어머니는 해주 정씨(海州鄭氏)이다.

아버지가 네 번 재취를 하였는데, 교하노씨(交河盧氏), 함창김씨(咸昌金氏), 초계정씨(草溪鄭氏), 해주정씨(海州鄭氏)이다. 교하노씨와 함창김씨는 자식이 없었으며, 초계정씨와 해주정씨는 각각 1남을 낳았는데, 초계정씨가 낳은 아들은 군무아문주사(軍務衙門主事) 옥초(玉樵) 정철기(鄭喆

基)이다. 부인은 통정대부 김성표(金聲杓)의 딸 상산김씨(商山金氏)이며, 그 사이에 1남 1녀를 두었다.

활동사항

정봉기(鄭鳳基, 1861~1915)는 어려서 부모의 상을 당하여 백형 정철기를 따르며 극진히 섬겼다. 약관의 나이에 영남감영(嶺南監營)에서 시행한 복시(覆試)에 응시하였는데, 시험을 담당하는 관리가 "어린 나이로 과거에 급제하는 것은 불행한 일이다."라고 말하는 것을 듣고서 그가 몰래 떨어뜨렸다는 사실을 알게 되었다.

이에 정봉기는 과거를 단념하고 위기지학(爲己之學)을 목표로 삼아 학문에 힘을 쏟았다. 당시에 명망이 있던 만성(晩醒) 박치복(朴致馥, 1824~1894), 계남(溪南) 최숙민(崔琡民, 1837~1905), 노백헌(老栢軒) 정재규(鄭載圭, 1843~1911), 물천(勿川) 김진호(金鎭祜, 1845~1908) 등이 정봉기가 학문에 전념하는 모습을 보고 칭찬하였으며, 월고(月皐) 조성가(趙性家, 1824~1904)는 그가 포은(圃隱) 정몽주(鄭夢周)의 후손답다는 말로 격려하였다.

1888년(고종 25) 연재(淵齋) 송병선(宋秉璿, 1836~1905)이 경상남도 지역에 왔을 때 찾아가 제자의 예를 행하였으며, 또한 면암(勉庵) 최익현(崔益鉉, 1833~1906)을 찾아가 뵙고 집지(執贄)하기도 하였다. 그리하여 정봉기는 노론의 정통 학맥을 이은 송병선과 최익현을 스승으로 섬기며 학통을 계승하였다.

을미사변이 일어나자 책을 싸서 지리산의 절로 들어갔는데, 조카 정한용(鄭瀚鎔)이 진주성(晉州城)에서 의병을 일으키자 동참하였다. 그러나 조선의 관군과 싸울 수 없다고 판단하여 결국 의병을 해산하였다. 매천

(梅泉) 황현(黃玹, 1855~1910)의 절명시(絶命詩)를 듣고서 비분한 마음을 함께하였으며, 시를 지어 사간(司諫) 이택환(李宅煥)에게 보내 자신의 뜻을 드러내 보이기도 하였다.

학문과 저술

1903년(고종 40) 만동묘(萬東廟)에 헌관(獻官)으로 참례하였으며, 제례를 마친 후 그곳의 제생들과 함께 강학을 행하였다. 이후 포은 정몽주의 유상(遺像)을 모신 하동군 옥종면 동곡(桐谷)의 의재(義齋)로 거처를 옮겨 『심경(心經)』, 『근사록(近思錄)』, 『주자서(朱子書)』 등의 책을 깊이 연구하고 심신을 수양하였다.

저서로 문집 10권 5책 『수재문집(守齋文集)』이 있다. 선조의 자취를 보존하기 위해 포은의 문집을 보완하여 옥산재(玉山齋)에서 중간하였으며, 설곡(雪谷) 정보(鄭保)가 거주한 경상남도 산청군 단성면 문태(文泰)에 유허비를 세웠다. 그리고 선조의 유문(遺文)과 행적을 수습하여 『세덕편(世德編)』을 편찬하였다.

- 자료출처 : 네이버 지식백과, 정봉기(鄭鳳基), 한국향토문화전자대전

향토문화전자대전

정호용 [鄭浩鎔]

분야	역사 / 근현대, 성씨 · 인물 / 근현대
유형	인물 / 문무 관인
지역	경상남도 하동군 옥종면 정수리
시대	근대 / 개항기
출처	디지털하동문화대전 - 정호용

정의

개항기 하동 출신의 무신.

가계

본관은 연일(延日), 자는 학연(學然), 호는 만초(晩樵), 고조할아버지는 청계(淸溪) 정국제(鄭國濟)이고, 증조할아버지는 통덕랑 정현채(鄭顯采)이며, 할아버지는 증조봉대부 동몽교관(贈朝奉大夫童蒙敎官) 정환우(鄭煥愚)이다. 아버지는 옥초(玉樵) 정철기(鄭喆基, 1842~1916)이며, 숙부는 수재(守齋) 정봉기(鄭鳳基, 1861~1915)이다.

아버지 정철기의 자는 응현(應賢)이며, 호는 옥초이다. 1861년(철종 12) 진주 농민 항쟁이 일어나 진주 병영(兵營)의 부고(府庫)가 비자, 정철기가 쌀 1,000석의 대가(代價)를 바쳤다. 이에 본영(本營)에서는 '연일정씨의창(延日鄭氏義倉)'이라는 여섯 글자를 부고의 문밖에 붙여 놓았으며, 조정에서는 선공감 가감역관에 제수하였다.

활동사항

정호용(鄭浩鎔, 1864~1903)은 무과에 급제하여 장위영(壯衛營) 참군(參軍)에 기용되었다가, 얼마 후 시종원 우시어(侍從院右侍御)로 승진하였다. 1894년(고종 31) 왜병이 대궐을 침범하자 선전관청 선전관 윤영선(尹映宣)과 함께 죽음을 무릅쓰고 곧장 궁으로 달려가 왕의 안위를 살폈다. 이에 동료들이 그를 존경하고 중하게 여겼다고 한다.

- 자료출처 : 네이버 지식백과, 정호용(鄭浩鎔), 한국향토문화전자대전

향토문화전자대전

정한용 [鄭漢鎔]

분야	역사 / 근현대, 성씨 · 인물 / 근현대 인물
유형	인물 / 의병 · 독립운동가
지역	경상남도 진주시
시대	근대 / 개항기
출처	디지털진주문화대전 - 정한용

정의

조선 말기의 의병.

가계

본관은 연일, 진주 출신으로 아버지가 내금위장을 지내는 등 유력한 가문의 후손이다.

활동사항

일찍이 등과한 후 1896년 진주 의병장을 맡아 노응규의 진주성 점령에 큰 공을 세웠다. 의병투쟁이 끝난 후 의병이 해산되자 고향에 돌아와 은거생활을 하였다.

의병해산과정에서 함께 진주의병을 이끌었던 의병장 노응규를 투옥한 일로 인해, 당시 유림들에게 관군과 결탁했다는 비난을 받기도 했으나 자료 부족으로 진위를 확인할 수는 없으며, 관군과의 결탁설은 노응규측의 일방적인 주장이라는 반론도 있다.

- 자료출처 : 네이버 지식백과, 정한용(鄭漢鎔), 한국향토문화전자대전

쌀 천 석을 바치다

- 고조부 정철기

심청이는 아버지 눈 뜨길 염원하며
공양미 삼백 석에
인당수로 몸을 던졌지
우우우 우여곡절 끝에 심 봉사 눈을 떴지

어지러운 세상에 민심은 사나워지고
민초는 굶어서 난동을 일으키고
군사는 목숨 줄 붙들고 흩어져 버렸다

성난 민심 잠재우고 병영창고 열어보니
텅 빈 식량창고 원성만 와글와글
고조부 쌀 천 석 받쳐 병사들 생명줄 이어

연일정가의창이란 팻말 붙여 조정에 전보하니
선공감가감역 제수하여 집안 택호 되고
큰아들 고종황제 우시어
작은아들 진주 의병대장

증조부 정한용 의병장 친부 정철기는

카오스 조선 말기 생명줄 이어 보고자
두 아들 칼 채워 보초 세우고
무명용사로 생을 마쳤지

내금의장 육촌 형에게 작은아들 양자 보내
정한용 의병장 아버지는 내금위장 되었지
의병장 서훈 한 장 없어도
쌀 천 석 기록은 남겼지

쌀 천 석을 기부한 고조부

십 년마다 변하는 강산에 몇 곱절을 더하여 흐른 역사를 쌓아놓고 자물쇠를 채운 세월, 한 포기 잡초처럼 하루하루 먹고사는 일이 바빠 나를 되돌아볼 시간이 없던 세월, 살다 보니 마냥 떠밀려 흘러온 시간의 세월이 어언 육십 고개다.

끼니 걱정하지 않고 살만해지니 나의 존재감이 왜 살아야 하며 어떻게 살아야 하는지, 무엇을 위해 살 것인지, 하나둘 고개를 들기 시작했다. 그러다 보니 어느 날 평생학습프로그램에서 진행하는 자서전작가양성과정반에 등록하여 책을 출판하게 되었고, 나의 뿌리에 대해 관심을 갖게 되었다. 『바람은 썩지 않는다』라는 책을 출판하고, 의병장 정한용 증조부님의 삶을 기록하는 것이 내가 해야 할 의무감인 것처럼 집안에 내려오는 이야기를 적었다

어렸을 때부터 의병장 증조부 이야기는 많이 들었다. 그런데 그분의 아버지이신 나의 고조부님 이야기는 난생 처음 듣는 이야기라 나에게 충격이었다. 고조부이신 정철기 할아버님의 산소 자리에 있는 밭을 경작하면서(2021년) 할아버지 업적에 귀를 기울이게 되었다.

그분에게는 두 아드님이 있었다. 큰아드님은 고종황제를 호위하는 우시어[1]로 계셨던 정호용 할아버지셨고, 작은 아드님은 진주지역에서 의병대장을 하셨던 정한용 할아버지시다. 작은 아드님은 내금위장을 하신 정준기 육촌 형님께 양자로 드렸다고 한다.

다음은 큰아들 정호용에 관한 진주시사에 기록된 글이다.

"자는 학연(學然), 호는 만초(晩樵), 정철기의 아들이다. 어려서부터 도량이 넓고 마음씨가 의연하였다. 어릴 적 무과에 올라 장위영참군에 기용되었다가 얼마 후에 시종원 우시어에 올랐다. 왕의 호위 임무를 맡으면서 왜병의 범궐이 있었을 때 선전관 운영선과 함께 칼을 차고 바로 궐 아래로 달려가 임무를 완수하여 신망을 받았다."

명성황후 시해사건이 일어나고 아관파천을 하고 대원군과 주변 강대국들의 침략이 들끓었다. 이런 시끄러운 시국에 고종황제를 호위하는 막중한 임무를 맡은 분이 정호용 할아버지시다. 명성황후 시해사건도 소식을 듣고 궁궐에 도착했을 때는 모든 일이 끝나 있었다고 한다.

동생 정한용 할아버지가 진주의병장을 하며 승승장구 북진해 갈 때 고종황제의 밀명으로 의병을 해산하게 되었다. 이 또한 의심과 오명을 남겼다. 그래서 나는 의병할아버지의 누명을 벗기고 서훈받기를 원했다. 내가 조상께 할 수 있는 것이 집안에 내려오는 의병할아버지의 이야기를 기록해 보는 것이다. 그런데 고조부 이야기를 듣고 나는 다시 『바람은 썩지 않는다 · 2』를 써야겠다는 결심을 굳히게 되었다. 우리 집안의 역사도 대한민국 역사의 한 부분이기에, 작은 흔적 점(.)으로 남더라도, 역사는 알려야 하기에 또다시 펜을 잡았다. 우리 집안의 슬픈 역사가 진주시와 하동군의 자랑이 될 수도 있겠다는 생각이 들었다. 국가에서 알아주지 않으

---

1) 대한 제국기, 시종원(侍從院)에 둔 판임(判任) 관직.

니, 자손인 나라도 홍보해야겠다는 결심을 굳혔다. 할머니와 아버지께서 하신 이야기를 기록으로 남길 수 있는 마지막 세대가 우리 세대가 아닐까 하는 염려였다. 그냥 두면 선조들의 행적은 사라지게 될 것이다.

나의 고조부 정철기 할아버지의 이야기를 해볼까 한다. 진주민란이 일어나 진주병영 창고가 텅텅 비었을 때 정철기 고조부께서 쌀 천 석을 진주 병영에 기부하셨다.

기록에 의하면 본관은 연일(延日), 자는 응현(應賢), 호는 옥초(玉樵)로 포은 정몽주의 후손이다. 임술민란을 겪은 뒤로부터 진주 병영(兵營)의 창고가 비게 되자 정철기가 쌀 천 석을 바쳤다. 진주 병영에서는 연일정씨의창(延日鄭氏義倉)이라는 여섯 글자를 고문 밖에 써서 달았고, 조정에 전보하니 선공감가감역(繕工監假監役)을 제수하였다.

그래서 감역댁이 우리 집 택호가 되었다. 그런데 감역댁이 잘못 발음되어 개묵띠가 되었다. 동네 사람들은 우리 집을 개묵띠라고 불렀다.

쌀 천 석이면 벼가 몇천 석일까?

이 정도의 재력이라면 천석꾼이 아니라 만석꾼이 틀림없구나. 어느 만석꾼이 쌀 천 석을 기부했다는 역사적 기록을 보았는가? 정말 대단하시고 통 큰 할아버지시구나. 이분이 나의 고조부라니 정말 자랑스럽다는 생각이 쓰나미처럼 밀려왔다. 이 기록을 보니 고조부 대(代)에서는 만석꾼이 틀림없었나 보다. 그러다가 증조부이신 정한용 의병대장이 군량미로 곳간을 다 비웠다. 그것도 모자라 조총을 밀매하려고 일본인을 매수해 놓았다. 돈 있는 친척, 지인, 유지들에게 군자금을 기부받았단다. 군자금 내신 분들이 일본 경찰에 끌려가 고문을 받으면, "정한용이 협박해서 어쩔 수 없어 줬다." 그러고는 풀려 나왔다. 고성군의 만석꾼 박 진사 집안이 매제라 거기서도 군자금을 받아 썼단다. 정한용에게 군자금을 주고 잡혀 들어

가면 영락없이 '정한용이 협박해서 어쩔 수 없어서 줬다.'고 하고 풀려 나오곤 했다. 경상대 도서관에 그분과 오간 편지가 40여 통 보관되어 있다고 한다. 그리고는 모든 것이 실패로 돌아가 일본 놈과 내통했다는 누명을 씌게 되었단다.

그러다가 억척같은 조부가 살린 살림이 천석꾼이었구나. 그 살림을 나의 아버지께서는 하나둘 팔아 생계를 이어오셨다. 생가 집을 큰아들인 나의 오빠에게 주었는데, 경매로 넘어갈 뻔한 것을 동생이 낙찰받아 명맥을 이어 오고 있구나.

그래 이것 때문에 내가 글을 쓰는 것은 아니다. 이분의 큰 아드님인 정호용 우시어께서 동생의 의병활동이 폭도라 하여 면직되었다. 39세 병환으로 낙향하여 죽음을 맞이하여 염을 하는데, 온몸이 고문 흔적에 상처투성이더란다. 인두 자국에 멀쩡한 곳이 없었다고 한다. 그런데도 우시어 정호용께서는 고통받은 일을 한마디도 말하지 않더란다. '의병활동은 동생이 하고 고문은 형이 다 받았다.'라는 이야기를 듣고 보니, 자식을 앞세운 고조부와 형을 잃은 증조부의 모습이 내 마음에 아프게 다가온다.

그냥 있을 수가 없다. 다시 2편을 써서 고조부님의 영전에 드려야겠다는 생각을 굳혔다. 의병장 할아버지가 서훈받고 안 받고는 생각해 보니, 중요하지 않다. "고조부 정철기 님의 기부행적을 꼭 남겨야 해. 조선에 쌀 천 석의 대가를 기부하고 두 아드님을 조선을 위해 받쳤는데, 조선 백성임을 이렇게 살과 뼈를 깎는 아픔으로 지킨 무명의 백성을 잡초처럼 사라지게 할 수는 없어." 이런 할아버지의 기록이 역사책 한 페이지에 나오지 않는다는 사실이 나를 슬프게 한다. 조선실록에 기록되어 있으면 무엇하겠는가.

그러니 후손인 나라도 기를 쓰고 기록을 남겨 보려고 한다. 현대사회에서도 기부행위가 얼마나 아름다운 나눔인지 잘 알고 있다. 그래서 기회만 되면 조그마한 나눔이라도 해야겠다는 생각을 늘 마음에 담고 있었다. 그런데 고조부의 일화는 내게 어떤 사명감을 심어 주었다. 이제 나도 작은 기부활동을 한다. 십시일반의 작은 기부가 개울처럼 흐르다가 큰 강을 만나, 바다 같은 사람 한 명이라도 만든다면, 개미 몸통만한 기쁨이 오더라도 나는 마냥 즐거울 수 있을 것이다. 바다의 파도처럼 신나게 춤을 출 수 있을 것이다.

큰아들을 그렇게 보내고, 작은아들의 큰아들인 나의 조부를 큰아드님의 가계로 양자를 보냈다.

"두 아드님도 훌륭하시지만, 그 모든 것을 인내하신 그분들의 아버지이신 나의 고조부님을 존경합니다. 그 아픔을 이제 사 알게 되어 죄송합니다. 후손들에게 이 사실을 꼭 알려 주고 싶습니다. 하찮은 잡초도 맥이 끊어지지 않고, 끈질기게 살아남는다는 사실을요."

외로운 묘 한 기

뱀이 똬리를 틀고 있을 것만 같은 잡초 우거진 땅에 조심스레 발을 들여놓았다. 수풀 속에 갇혀 있는 외로운 무덤 한 기를 찾아서 임야와 전으로 되어있는 하동군 조상님의 묘역을 찾아왔다. 오십 평생 한 번도 와 본 적이 없는 아버지의 땅을 남동생과 함께 물려받아 영역을 확인하고 싶어 찾은 선영, 한여름에 찾아온 고손녀의 진득한 땀을 산들바람이 날려준다. 손부채질하랴 풀숲 헤치랴 갈 길이 더디다. 아버지가 일러주신 대로 둘러보았지만, 어디에서 어디까지인지 경계를 모르겠다. 산소 주변을 둘러보니 감나무와 매실나무가 싱싱한 모습으로 꽤 많이 자라고 있다. 과실나무 외에도 주변 밭에서는 작물도 무럭무럭 크고 있다.

산 아래서 밭을 경작하며 묘를 돌봐주는 집안 분을 찾았다. 앞으로 땅 관리를 맡아 하게 되었다고 말씀드렸다. 그동안 몇 대를 이어 일 년에 두 번씩 벌초를 하고 밭에 농작물을 경작하시며 생활하시는 일가(一家)분이신데, 당신이 나이가 많아 농사일이 힘에 부쳐 나무를 심었단다. 그러니 나뭇값을 얼마간 쳐달라 하신다. 심어진 나무 연수를 물으니 한 20년은 되었다고 한다. 그동안 과실과 농작물을 생산해 생업에 보탬이 되었을 텐데 나뭇값을 달라는 말에 언짢았지만, 내색하지 않고 그러겠노라 했다.

나무를 심어 소송 중인 사건들을 뉴스에서 심심찮게 봐왔던 터라 일단 알았다며 집에 돌아와 아버지께 말씀드렸더니 "누가 나무를 심으라 했었느냐?"고 펄쩍 뛰신다. 남의 땅에 동의도 없이 있던 소나무 베어내고 과실나무를 심은 건 그쪽 귀책이 틀림없었다.

묘 주변을 둘러보니 북쪽으로 지리산 자락들이 병풍처럼 둘러쳐져 있고, 지대가 좀 높은 곳이라 전망이 탁 트여 마음에 쏙 들었다. 여기다 전망 좋은 오두막이라도 한 채 지었으면 좋겠다는 생각이 굴뚝같다. 묘 비석에는 鄭자 喆자 基자라는 함자가 쓰여 있다. 내게 고조부가 되시는 할아버님의 산소였다. '왜 외롭게 혼자 계실까, 할머니는 어디다 두고 할아버님 혼자 누워 계시는 걸까?' 옆에는 할머니 산소 대신 상석과 비석이 자리하고 있다. 그동안 산소에서 보지 못했던 비석을 고조부님 산소에서 처음 대하니 여러 생각이 스친다. 집안 살림살이가 궁색한 것도 아니고, 천석꾼이니 만석꾼이니 하는 가문에서 조상들 묘 단장에는 왜 등한했을까. 인사를 해야 하는데 풀이 무서워 선 채로 묵념을 했다. 빈손으로 왔다 그냥 돌아가야 하는 마음이 죄송스러웠다. 다음에 올 땐 제주와 포라도 준비해야겠다는 나만의 약속을 하면서.

그동안 살면서 친정 산소를 찾은 것은 엄마 산소와 조부모님 산소가 전부였다. 그 윗대는 당연히 남자 형제들 몫이라 생각하고 살아왔던 것이다. 2013년 몸이 불편해지신 아버지를 모시게 되면서 재산세 고지서가 우리 집 우편함으로 와 아버지 땅에 관심을 가지게 되었다. 공시지가가 몇 천 원짜리 땅이 돈으로 따지면 얼마나 되겠느냐마는 땅 한 평 없던 나는 아버지 앞에서 응석을 부렸다. "아버지, 나는 죽어도 묻힐 땅 한 평 없는데, 산소 자리 하나 주세요."라고 했더니 즉석에서 "그래? 유택자리로 좋은 데가 있지. 그건 니 가져라."하시며 선뜻 600평을 주셨다. 그 땅 관리도 못하면서 조상님의 땅을 관리하겠다고 나선 데는 나름 이유가 있다. 무슨 일이 생기면 문제를 해결하기보다 '니 알아서 해라.'가 아버지의 한결같은 답이시다. 구순의 아버지는 그 시절 대학공부를 하시고도 별다른 직함이나 직장 없이 신선처럼 살아오셨다. 그 배경에는 물론 조상님 음덕이 있어 가능했다고 믿는다.

복잡한 일에는 무관심으로 일관하고 당신의 일신만을 생각하시니, 늙지 않으시는 아버지시다. 어릴 적 서울로 유학 간 오빠에게 거는 집안의 기대는 하늘 같았지만, 점점 뜬구름 잡는 아버지를 닮아간다. 내가 친정 조상님들께 관심을 갖게 된 이유다. 문득 고조부의 산소 일대가 천 평이라는 말을 들었던 기억이 떠올라 의구심을 품었다. 임야 천 평이 왜 800평이 되었을까?

아버지가 잘 모르고 하신 말씀이었나, 호기심이 발동해 주변 땅을 검색하고 등기부를 열람했다. 아니나 다를까, 아버지 명의로 된 땅 200평이 덩그러니 옆에 붙어 있다. 그럼 그동안 재산세는 누가 냈을까, 궁금증이 증폭되어 해당 관공서에 전화하니 담당자는 어느 법인에서 재산세를 냈다고 한다. 그 법인 이름을 물으니 가르쳐 줄 수가 없단다. "소유주한테 말을 못하면 누구에게 하느냐?" 따져 물었더니 "소유주 본인이 직접 방문하세요."라고 한다. 올해부터 고지서를 우리 집으로 보내겠다는 답이 전부다. 땅이 있어도 있는지 없는지, 그 누가 명의변경을 해가도 모를 세월을 사신 아버지. 재산세를 내는지 안 내는지 전혀 관심 없는 아버지를 대신해 살림살이를 보살피자니 머리가 어지럽다.

나는 2019년 말에 '서훈받지 못한 어느 의병장 후손의 자전에세이'라는 부제가 붙은 자전에세이 『바람은 썩지 않는다』를 출간했다. '자서전을 내기에는 이르지 않느냐?'는 놀림도 받았지만, 고맙게도 내 조상을 돌아보는 계기가 되기도 했다. 증조부님의 독립유공자 서훈 문제로 알게 된 인천대학교 이태룡 박사님을 만나 책을 전달하던 날, 박사님께서는 증조부님도 훌륭하시지만, 고조부이신 철자 기자 할아버지도 대단하신 분이라고 말씀해주셨다. 독립유공자 발굴사업을 하셔서인지, 정작 후손인 나보다 나의 조상에 대해 더 잘 알고 계셨다. 더 물어보기가 부끄러워 잠자코 듣기만 하다 돌아와 인터넷을 검색했다. '정철기(鄭喆基)'를 입력하니 현대인들의 인명사전만 뜬다. 아무것도 찾을 수 없다니, 의외의 결과다. 호기심은 멈추지 않았다. 그 시대로 거슬러 올라가 찾아보니, 삼정문란이 있었고 그로 인해 진주민란이 발생했다. 진주민란과 정철기를 검색했다.

본관은 연일(延日) 자는 응현(應賢), 호는 옥초(玉樵), 포은 정몽주의 후손이다. 임술민란을 겪은 뒤로부터 진주 병영(兵營)의 창고가 비게 되자 정철기가 쌀 천 석을 바쳤다. 진주 병영에서는 연일정씨의창(延日鄭氏義倉)이라는 여섯 글자를 고문 밖에 써서 달았고, 조정에 전보하니 선공감가감역(繕工監假監役)을 제수하였다,

박사님의 말씀이 옳았다. 그 글을 읽은 순간 '고조부님이 정말 대단하신 분이셨구나.' 으쓱해진다. 벼도 아닌 쌀 천 석을 기부하신 통 큰 할아버지가 나의 조상이시란다. 기쁨과 존경의 마음을 넘어 가슴이 먹먹해져 왔다. 을사늑약 이후, 항일의병운동을 펼치시던 면암 최익현 선생과 증조부님의 일화도 내게 늘 자랑이었다. 이런 훌륭하신 할아버지 밑에서 보고 자란 나의 아버지는 90평생을 무얼 하신 걸까? 가문의 영광이 퇴보한 것 같아 속이 편치 않다. 이 세상에서 이루어 놓은 것 없이 저세상에 가서 조상을 어찌 뵌단 말인가? 고명딸이라는 무기로 아버지 심기를 또 건드렸다. "아버지, 저세상 가서 조상들 뵈면 뭐라 하실 거예요?" 아버지 답이 또 기막히다. "그래서 내가 죽을 수가 없다."고 하신다. 이렇게 천진난만

한 아버지와 함께 있으면 행복한 딸이어야 하는데 나는 왜 답답한 걸까?

요즘은 지방자치단체 시대라 각지역마다 자기 고장의 역사와 문화를 자랑하기 위한 홍보활동이 왕성하다. 진주시나 하동군은 이런 역사적 자료를 잘 활용하여 나라가 위기에 처했을 때 순국한 사람이나 기부한 사람들의 행적을 널리 알려 주면 좋을 텐데, 후손으로서 아쉬움이 남는다. 하동군 북천역의 코스모스 축제와 양귀비 축제를 하면서 역 가까이 있는 할아버지 묘는 방치되고 있어 몹시 서운해진다. 후손이 모자란 탓일까? 울컥한 심사에 마음이 무겁다.

신록은 우거지고 푸른 숲이 바람을 앞세운 복중의 무더위, 역사 공부를 곁들인 내 조상의 흔적을 돌아보는 기쁜 시간이었다. 비록 나는 내세울 것 변변치 않은 범인이지만, 그 누구도 흉내 낼 수 없는 훌륭한 고조부님을 둔 나는 그분의 자랑스러운 고손녀이다. 찾는 이 없는 산중에 이름 없는 무덤가를 맴도는 잠자리 한 마리가 내 마음인 양 그 곁을 서성인다.

서훈받지 못한 어느 의병장

풀은 거두지도 가꾸지도 않는데 스스로 알아서 대지가 주는 영양으로 어디서나 뿌리를 내린다. 기후조건만 맞으면 어디든 나의 땅이요 나의 영역이 될 수 있다. 풀은 대지의 영양으로 자라지만 먹거리 없는 민초는 잡초보다 못한 존재이다. 곡식 없는 집안에 제비 새끼처럼 입 벌리고 짹짹거리는 식솔들을 지켜주지 못하는 힘없는 나라. 나라 지키겠다고 잡초 같은 민초가 일어나 손에 창을 들고 총알 앞으로 달리며, 피 흘린 조상이 있는 나라, 대한민국이다.

이름 한 자 남기지 못하고 무서리처럼 역사에서 사라진 용사님들. 그분들의 영혼이 피로 그린 꽃이 무궁화인 듯하다. 온몸을 말고 꽃을 피워 다시 온몸을 말아 통째로 떨어지는 무궁화를 보며, 잡초보다 못한 의병이 맞은 극한의 절박함 속에 내가 알고 있는 한 분의 의병장 이야기를 해 볼까 한다.

경남 하동군 옥종면에 연일정가(迎日鄭家)의 집성촌이 있다. 그 가문의 한 집안에서는 진주민란이 일어나 진주 병영의 창고가 텅텅 비었을 때 쌀 천 석을 기부한 만석꾼 대부 정철기 님이 있었다. 장남 정호용은 고종황제를 호위하는 우시어였으며, 차남 정한용은 진주시민의 추대로 진주의병장이라는 중책을 맡아 일만 군사를 거느렸다.

정한용은 정준기 내금위장을 하신 집안의 양자로 입적했다. 하여 그분의 생부는 정철기요, 양부는 내금위장 정준기요, 형님은 고종황제의 우시어였다.(정한용 의병장 가계도 참조)

나라를 구하기 위하여 군량미로 곳간을 다 비우고, 이 나라를 위하여 피를 흘렸지만 나라는 힘을 잃어 갔다.

해산령에 불복하겠다는 장수들과 황제의 명령 사이에 갈등하던 정한용은 용단을 내렸습니다. "부디 죽지 말고 살아남아라." 이 한마디로 후일을 기약하자는 소리 없는 아우성을 남기고 의병을 해산했습니다.

그 후 고종황제께서 벼슬을 내렸는데 받지 않았다고 한다. 그로 인하여 불충에 괘씸죄를 넣어 백령도로 서류상으로만 종신 유배를 보냈다가 사흘만에 풀어주었다고 전한다.

나의 증조부 정한용 의병장은 아직 서훈받지 않은 독립유공자다. 그동안 후손들도 서훈을 신청하지 않았다. 인터넷에 후손이 없다고 기록되어 있다. 그 후 알게 된 이야기는 진주시에 독립운동사를 기록하시는 분이 '정한용 후손을 찾습니다'라는 플래카드를 붙였다고 한다. 노 대장 하옥사건을 정한용의 배신으로 기록하였다. 오해가 있었다는 사실을 사람들은 알지 못했던 것이다. 아버지 말씀에 의하면 노응규 진영과 정한용 진영에서 서로 진주성을 지키겠다고 하자 제비뽑기를 하여 노 대장 측에서 진주성을 지켰다. 그런데 노 대장이 진주성에서 대패하고 정 대장 진영으로 피신 왔을 때, 정한용 진영의 장수들이 노응규를 참수하라고 야단이 났다. '성을 버리고 살아 온 장군을 용서할 수 없다.'는 성화가 대단했다고 한다.

그래서 정한용은 '노 대장을 하옥하라.'고 명하고 며칠간 장수들의 화가 삭히기를 기다리며 밤에는 사식도 넣어 드렸다.

정한용 의병장의 친형인 정호용이 고종황제를 모시고 있었다. 인터넷에 정호용을 검색해보니 '왜병이 대궐을 침범하자 선전관청 선전관 윤영선과 함께 죽음을 무릅쓰고 곧장 궁으로 달려가 왕의 안위를 살폈다. 이에 동료들이 그를 존경하고 중하게 여겼다.'고 나론다. 의병해산도 고종황제의 밀명이었고, 의병들에게 피신하라는 파발마를 띄워 알려 준 사람도 그의 친형 정호용이었다.

두 의병장의 사이에 알력이 있었다면, 의병해산 후 노 대장이 정 대장의 선조인 포은 정몽주 사우에 인사를 갔을까? 그 후 정한용은 일체의 공식적인 일은 하지 않고 은둔으로 생을 마감했다는 기록만 남긴다. 하지만 그의 행적은 가족들의 입으로 전해지고 있다. 한밤중에 산행하다가 호랑이를 만나자 그분의 고함에 호랑이가 도망간 이야기와 지리산 속에서 무술을 연마하여 제자들을 키운 이야기……. 흔적을 남기지 않으면서, 당당한 외면을 보였다. 호랑이처럼 밤에 산을 타야 했을 그분의 행적이 궁금하나 알 길이 없다.

의병을 해산하라는 고종황제의 명을 받들면서 "부디 죽지 말고 살아 남아라."라는 정한용 의병장의 절규하는 목소리가 잡초처럼 살아나는 눈 내리는 겨울이다. 혹서에도 혹한에도 한반도는 우리의 땅이고 평화롭게 후손이 살아야 할 엄마의 아빠의 품이다. 생명이 생명답게 살 수 있도록 사랑으로 성을 쌓고, 지식으로 무장하여 슬기롭게 이 땅을 지키며 세세손손 영화를 누렸으면 좋겠다. 무궁화가 지지 않는 한반도에 사랑의 꽃을 피워 온 세계를 환하게 밝히는 날까지, 우리는 우리를 지키려고 애쓴 영혼들이 있다는 것을 잊지 말았으면 좋겠다.

정한용 의병장 일화

부엉이 우는 산 '덤바구'를 앞에 두고 옥산에서 내려오는 물이 냇가로 흐르는 정수마을 윗동네, 냇가 옆에는 몇백 년 된 수양버들이 대문을 지키고 있다. 몸통은 갈라지고 나이테도 없이 텅 비어 있다. 기와지붕을 얹은 돌담이 2,000평의 집을 감싸고 있지만, 수양버들은 집안의 일을 다 보고 듣고 있다. 속이 텅텅 빈 수양버들이 보고 있는 이 집안도 텅텅 비었다. 속 빈 몸뚱이에 아이들이 숨바꼭질할 때도, 수양버들은 아이들을 감싸 안았다. 하지만 아이들은 텅 빈 몸에다 불을 지폈다. 온몸의 혈관으로 연기가 번져 죽을 뻔도 했다. 그때 어른들이 물을 퍼부어 숨 막히는 죽음은 면했다. 또 천둥번개치고 비바람 부는 태풍에 튼튼한 팔 하나가 뚝 떨어지는 아픔도 감내했다. 온갖 고난 속에서도 살아남았다.

맑은 수맥 흐르는 땅속뿌리의 힘으로, 잎사귀들의 춤사위는 푸르렀다. 매년 한 번씩 주인이 주는 막걸리의 기운이 살을 오르게 했다. 몸피도 아물어 가고 있다. 이제 그 누구도 나무의 몸속을 들락거릴 수가 없을 만큼 몸집에 살이 붙었다. 집 앞 냇가를 따라 조금 더 내려가면 '귀신덤벙'이라는 곳에 바위가 여섯 개 있다. 도로공사를 하면서 바위 두 개는 사라지고, 네 개의 바위만 남아있다. 그 아래로 동네가 다닥다닥 붙어서 마을을 이루고 있는 곳이 하동군 옥종면 정수리 또는 청수리라고 했다. 정씨들의 집성촌인 이곳이 정한용 할아버지가 사신 곳이다.

중국 당나라 시인 유우석의 『누실명』에 이런 구절이 있다.

"산이 높아야만 하는 것이 아니라 신선이 살면 명산이고, 물이 깊어야만 하는 것이 아니라 용이 살면 신령스러운 물이다."라고 했다. 어떤 사람이 살고 있는가에 따라 그 땅의 기운이 바뀐다는 뜻일까? 정한용의 생가를 가려면 귀신덤벙이라는 곳을 지나야 한다.

비 오는 어느 날, 정연민 교장 선생님이 정한용 할아버지 뒤를 따라 오고 있었다. 할아버지가 귀신덤벙을 걸어가는데, 온몸에서 불이 활활 나오고 있어서 깜짝 놀랐다. 할아버지가 살아계시는 동안 동네에는 귀신이 없었고, 굿을 해도 귀신을 불러오지 못했다. 할아버지의 처갓집에서 굿을 할 때도 죽은 처제가 나타나 "청수 언니 집은 형부가 무서워 갈 수가 없다."고 하더란다.

다음은 정한용 할아버지에 대한 일화다.

정한용이 혼인하여 처음으로 처가에 갔다가 혼인식을 하고 댕기풀이를 한다고 모두 모였다. 주변에 모인 친지들이 한턱내라고 야단이 났다. 할아버지는 도끼를 내놓으라 했다. 그리고 도끼를 들고 외양간으로 가서 소 한 마리를 잡았다.

또 한 번은 종복 한 명을 데리고 밤중에 산을 타고 넘는데 불빛이 다가왔다. 가만히 살펴보니, 호랑이 눈빛이라 젊은 정한용은 하인의 이름을 "OO아."하고 큰 소리로 불렀단다. 그 소리에 호랑이가 놀라 도망쳤다.

집안에 전해 오는 이야기다.

집안에 앉아서 기침하면 뒤뜰이라는 동네가 들썩였다는 이야기도 있다. 홍선대원군이 "진주(지금의 하동)에 이런 인물이 있는 줄 왜 진작 몰랐을꼬?"(어느 할아버지는 잘 모르겠음)라 했다는 이야기도 있다.

정한용 할아버지를 모시고 다닌 전씨 노인이 나의 아버지께 이런 말씀을 하셨다고 한다.

"내가 노 대장과 정 대장 그리고 정우시어를 가까이서 다 뵈었는데, 노 대장은 정 대장만 못하고, 정 대장도 우시어 형님만은 못하다."는 평을 주시더란다.

죽을 고비를 몇 번이나 넘긴 수양버들이 지키고 있는 집, 수양버들의 튼튼한 뿌리가 돌담안의 터를 지키고 있는 정한용 의병장의 생가 집, 오늘 밤도 덤바구에서 솥이 적다며 소쩍새가 운다.

서훈에 대한 절차 밟기

용산 대통령실에 청원을 넣다

우체국 등기 문자가 떴다. 대통령께 보낸 편지에 대한 답신이 국가보훈처로부터 왔다.

심쿵거리는 마음을 진정시키고 우편물을 기다린다.

과연 어떤 답변이 들어 있을지 궁금하기 그지없다.

딩동~ 반가운 소리에 문을 열고 사인을 하고 우편물을 받았다.(2023. 3. 10. 금요일)

"아, 이것이 아닌데, 이미 신청서는 보훈처에 접수된 것이 있을 것인데 왜 보내왔을까?

그렇지, 절차를 다시 밟아야겠지."

'궁금한 사항은 국가보훈처 공훈발굴과 담당자에게 전화로 문의하라'는 공문에 따라 전화를 했다. 담당자가 오늘 출장 중이라 하더니, 오후에 다른 분이 전화를 주셨다. 신청서 작성방법에 대해 알려주고, 2023년 광복절에는 좀 어려울 것 같단다. 빠르게 심사를 해도 11월 17일 순국선열의 날에나 심사를 할 수 있단다.

"올해 심사를 빨리 볼 수는 없을까요?"

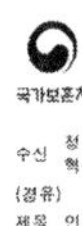

국가보훈처

국가보훈처

수신 정현경 귀하 (우27871 충청북도 진천군 덕산읍 연미로 128, 602동 1004호 (충북혁신리슈빌아파트))
(경유)
제목 민원 회신(국민신문고)

1. 안녕하십니까? 귀하께서 대통령비서실에 제출하시어 국가보훈처로 이첩된 민원(신청번호: 1BA-2303-0075491, 접수일: 2023.3.3)에 대해 다음과 같이 안내드립니다.

2. 귀하의 민원 취지는 '정한용 선생의 독립유공자 포상 신청' 등으로 이해됩니다

3. 독립유공자 공적심사에 필요한 포상신청서 서식을 보내드리오니 뒷면 설명문에 따라 해당 내용을 작성하여 국가보훈처 공훈발굴과로 제출해 주시기 바랍니다.
 * 보내실 곳 : (30113) 세종특별자치시 도움4로 9, 국가보훈처 공훈발굴과 앞

4. 민원 회신과 관련하여 궁금하신 사항은 국가보훈처 공훈발굴과(담당 설주희 학예연구사, ☎ 044-202-5486)로 문의주시기 바랍니다. 감사합니다.

붙임 : 독립유공자 포상신청서(양식). 끝.

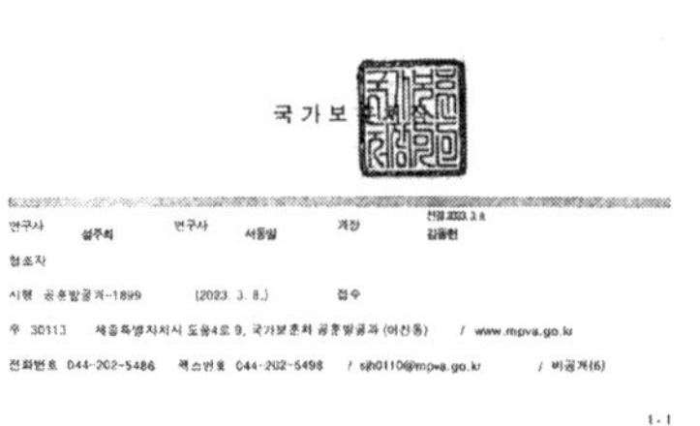

국가보훈처장

연구사 설주희 연구사 서동일 과장 전결 2023. 3. 8. 김용현

협조자

시행 공훈발굴과-1899 (2023. 3. 8.) 접수

우 30113 세종특별자치시 도움4로 9, 국가보훈처 공훈발굴과 (어진동) / www.mpva.go.kr

전화번호 044-202-5486 팩스번호 044-202-5498 / sjh0110@mpva.go.kr / 비공개(6)

1-1

▲ 독립유공자 포상신청서(양식) 안내문

국가보훈처

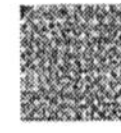

국가보훈처

수신 정현경 귀하 (우27871 충청북도 진천군 덕산읍 연미로 128, 602동 1004호 (충북혁신리슈빌아파트))
(경유)
제목 민원 회신(국민신문고)

1. 안녕하십니까? 귀하께서 대통령비서실에 제출하시어 국가보훈처로 이첩된 민원(신청번호: 1BA-2303-0815035, 접수일: 2023.3.24)에 대해 다음과 같이 안내드립니다.

2. 귀하의 민원 취지는 '독립유공자 포상 신청서 접수에 대한 감사' 등으로 이해됩니다.

3. 안내해 드린 바와 같이 정한용 선생은 2023년 순국선열의 날 계기 심사 예정입니다. 심사 결과는 11월 중순경 공문을 통해 안내드리겠습니다.

4. 민원 회신과 관련하여 궁금하신 사항은 국가보훈처 공훈발굴과(담당 설주희 학예연구사, ☎ 044-202-5486)로 문의주시기 바랍니다. 감사합니다.

국가보훈처장

연구사 설주희 연구사 서동일 과장 전결 2023. 3. 29. 김용현

협조자

시행 공훈발굴과-3196 (2023. 3. 29.) 접수

우 30113 세종특별자치시 도움4로 9, 국가보훈처 공훈발굴과 (어진동) / www.mpva.go.kr

전화번호 044-202-5486 팩스번호 044-202-5498 / sjh0110@mpva.go.kr / 비공개(6)

1-1

▲ 순국선열의 날 독립유공자 심사 안내문

"되도록이면 빨리 서류를 보내주세요. 그래야 11월에 심사를 할 수 있습니다."

세종시에 있는 보훈처는 진천과 가깝다. 나는 직접 가보고 싶었다.

"직접 찾아가도 될까요?"

"네에, 좋습니다."

"2019년 인천대학교에서 서훈신청서를 냈는데, 기관에서 신청하면 유족이 하는 것보다 뒤로 밀립니다. 그러니 빨리 서류와 자료를 제출해 주세요."

"감사합니다. 빠른 시일 내 찾아뵙겠습니다."

서류를 준비하려고 인터넷을 검색하던 중 진주 의병장을 맡아 '진주성 점령에 큰 공을 세웠던 정한용 선생의 간찰'이라는 문구를 보았다. 한 옥

션이라는 경매사이트에 증조부의 편지 한 장이 나와 있었다. 경매 입찰가는 오만 원부터 시작이라고 나와 있다. 입찰을 보러 들어갔더니, '지난 상품입니다.'라는 안내문이 뜬다. 다음날 경매사이트 대표에게 전화했다.

"41-385는 2010년에 경매된 물건입니다. 너무 오래되어 누가 받아 갔는지 알 방법이 없습니다."라고 답한다. 그나마 한 장에 내용이 다 있어서 복사하여 사실대로 기록하고 서류에 첨부했다. 인천대학교 이태룡 박사도 처음 나온 문서이니 '간찰지'를 입수하란다. 하지만 입수할 방법이 없다. 내용은 의병을 일으키기 전, 왜 의병을 일으키려 하는지, 그 마음을 담아 놓은 것이라 한다. 중요한 문서니 꼭 찾아보라는데 힘들 것 같다. 경매사이트 대표에게는 다음에 또 혹시 정한용 관련 문서가 나오면 연락을 달라고 부탁했다.

그동안 내가 집안에 내려오는 이야기들을 수필형식으로 쓰고 있다. 정한용 의병장 가계도(생가와 양가)도 정리해서 넣었다. 이 시점에서 할 수 있는 것은 신속 정확하게 정리하는 것이다. 서류를 챙겨서 2023년 3월 17일 세종시에 있는 보훈처를 직접 방문하여(정병화 아재와 동행) 담당자를 만나 서류를 접수했다.

집으로 돌아오는 길에 내가 이렇게 용감해질 수밖에 없는 현실이 서글펐다. 칼보다 펜이 무섭다는 사실을 다시 한번 확인하는 순간이었다. 노응규 의병장은 문신 출신에 제자들이 있었고, 정한용 의병장은 무신으로 발굴된 기록이 아직 많지 않다. 정 대장 집안에 큰불이 났다. 사흘 밤낮으로 불이 탔단다. 오색찬란한 불꽃이 하늘을 뒤덮었단다. 그 당시 진주시 어느 국회의원이 "지금 대한민국의 국보급 보물이 다 타고 있다."며 안타까워했단다. 집안에 있던 귀중한 자료들이 다 소실되어 더 안타까움이 많은 후손들이다. 더불어 진주법원도 불타 자료가 없다는 것이다.

국가보훈부

국 가 보 훈 부

수신 정현겸
(경유)
제목 2023년도 순국선열의 날 계기 독립유공자 공적심사 결과 안내

1. 정부는 제84주년 순국선열의 날 계기 독립유공자 포상을 위해 **정한용** 선생의 공적을 심사하였으나 아래와 같은 사유로 포상대상에 포함되지 못하였음을 알려드립니다.

관리번호	성명	포상되지 못한 사유
11914	정한용	활동 이후의 행적 불분명

2. 독립유공자 공적심사는 한국 독립운동사를 전공한 교수, 전문연구자 등으로 구성된 「독립유공자서훈 공적심사위원회」에서 독립운동 당시의 공적확인 자료에 근거하여 심사 대상자의 공적내용, 기여도 등을 종합적으로 검토하여 이루어집니다.
3. 이번 독립유공자 공적심사에서 포상되지 못한 사유로 제시된 사항을 해명하거나 독립운동 공적을 보완하는 자료가 제출되면 다시 심사할 수 있습니다. 다만, 추가 공적이 확인되더라도 독립운동 이후의 행적에 이상이 있거나 보완이 필요한 경우, 친일 흠결 등이 있는 경우는 포상 대상에서 제외됩니다.
4. 국가보훈부는 포상되지 못한 분들의 독립운동 공적 확인을 위하여 앞으로도 적극 노력하겠습니다. 끝.

국가보훈부장관

시행 2023.11.15.

▲ 2023년 11월 말에 받은 독립유공자 공적조서 심사 결과

집안에서 입으로 전해오는 이야기들을 모아보니, 정한용 증조부님이 서훈을 받지 못할 이유가 없다. 이런 분들을 국가에서 발굴하여 서훈을 주지 않는다면, 국가가 위기에 처했을 때 누가 나라를 구하겠다고 앞장을 서겠는가? 서류를 접수하고 귀가하는 발걸음이 조금은 가뿐하다. 무엇이 진실인지 꼭 밝히고 싶다. 모두 절박한 상황에서 목숨을 내놓고 나라를 구하고자 애쓴 것은 너나할 것 없이 진실이었을 것이다.

두 의병장 간에 갈등이 있었다면 과연 노응규가 정한용의 선조인 정몽주의 사당을 참배할 이유가 없지 않겠는가. 사학자는 소설가와 다른 역사적 사실을 기록해야 하는데, 공(功)이 사라진 정한용 의병장, 의병장에 대한 예를 올리지 못한 아쉬움이 남는다.

* 첨언 : 관리번호 11914 정한용 포상되지 못한 사유는 활동 이후의 행적 불분명이라는 국가보훈부의 답신을 2023년 11월 17일(순국선열의 날)에 받았음.

2023년 광복절 KBS 뉴스에 방송되다

8월 9일 수요일 오후 1시에 KBS 방송촬영을 예약한 날이다. 하동군 옥종면에 있는 정한용 의병장 생가에서 광복절 특집 뉴스를 촬영하기로 했다. 고속도로를 타고 진천에서 진주로 갔다. 가는 도중 함양을 지나자 비가 내리기 시작한다. 태풍 카눈이 올 것이란 것은 알았다. 가는 도중 비바람을 만나지 않게 해 달라는 기도를 했다. 난생처음 혼자 운전하여 고속도로를 달리는데, 산청을 지나자 도로가 보이지 않을 정도로 비가 내린다.

정신을 바짝 차리고 조심조심 운전하는데, 옆 차선에서 비상등을 켜고 가던 차가 내 앞으로 온다. 등대같이 반짝이는 불빛을 따라 무사히 안개 낀 도로를 벗어났다. 증조부님의 혼이 내 안으로 왔는지, 불안해하지 않고 마음 든든하게 운전했다. 폭우 쏟아지는 도로에선 비상등 켠 차량의 호위를 받아 무사했다.

서울 촬영팀은 우리보다 먼저 도착했다는 연락이 왔다. 오빠와 큰삼촌을 모시고 청수 집에 도착하니, 정각 오후 1시다. 비가 와서 촬영하는데, 우산을 쓰고 다녀야 하는 불편함이 있었다. 당숙 집에서 가져온 할아버지의 유품을 전시하고, 오빠가 인터뷰에 임했다. 친지 몇 분과 지인들이 참

석했다. 마당에 돗자리 깔고 차 한 잔 하려고 했으나, 비로 인하여 다과상은 차리지 못했다. 촬영 끝날 때까지 사람들은 아래채에서 이야기들을 나누었다. 4시쯤 되어 촬영 팀은 서울로 갔다. 광복절 날 저녁 9시 뉴스에 방송된단다.

광복절 날, 저녁 9시 뉴스를 기다렸다. 첫 장면이 광복절 관련 뉴스인데, 정한용 의병장이 나오지 않는다. '혹시 방송사고가 났나?' 그러면서 계속 다음, 다음 뉴스로 넘어간다. 마침 이날 윤석열 대통령께서 부친상을 당했다는 뉴스도 나온다. 30분쯤 지나 안중근 의사와 유관순 열사를 AI가 복원한 영상이 나온다. 연이어 서훈받은 윤재환 지사 이야기와 서훈받지 못한 정한용 의병장 이야기가 나왔다. 안도의 한숨을 쉬었다. '몇몇 지인들에게 사전에 연락해 놓았는데, 불발되면 어떡하나?' 걱정이 되었다.

방송이 끝나자 여기저기서 '방송 잘 보았노라.'고 연락이 왔다. 마음이 뿌듯했다. 뭔가 잘 되어갈 것 같은 생각이 든다. 우리들이 애쓰는 모습이 정한용 할아버지께도 전달되는지, 나도 기운이 난다.

"할아버지, 기다리세요. 최선을 다해 오명을 벗겨 드리도록 노력하겠습니다".

애쓰고 계시는 인천대학교 독립유공자발굴사업연구소 이태룡 소장님께 감사 전화를 드렸다. 그랬더니 증조부와 함께 일을 도모하신 7분을 이번에 함께 포상을 신청하였다고 한다. '대한 독립 만세!'라도 부르고 싶다. 증조부님이 서훈을 받지 못하니, 덩달아 포상을 신청하지 못하신 분들이다. 이제 11월 순국선열의 날 17일이 기다려진다.

새집 짓고 터줏대감과 한판 승부

동녘 햇살이 움트는 동쪽 산기슭에 하얀 이층집이 자리를 잡고 입주를 했다. 아침 해돋이를 굳이 가지 않아도 앉아서 절경을 감상하며 아침의 맑은 기운을 받을 수 있는 곳이다. 논밭이 있고 저수지가 있다. 물안개까지 모락모락 피어나기도 한다.

옥종면에서 제일 높은 산이면서 지리산 막내 자락이라는 옥산 아래다. 이 옥산 밑에 조상들의 묘가 있다. 일가친척이 그동안 묘를 지키면서 할아버지의 할아버지 때부터 살아오신 분들이 계셨다. 아버지 항렬의 친척분은 돌아가시고 집은 거의 폐가가 되어 있었다. 여기에 새로 집을 지으면 좋겠다고 생각했다.

그런데 그분의 아드님이 리모델링을 하여 건축물 보존등기를 해 놓았다. 집을 비워 달라고 해야 하는데, 차마 입이 떨어지지 않았다. 동생은 임야로 되어 있는 그 옆에 터를 닦고 집짓기를 했다.

어머니와 형의 무덤이 있는 산을 깎아 혼자서 집을 짓기 시작해 일 년 넘게 공사를 했다. 낮에는 목수로 일하러 다니고 짬짬이 시간을 내어 혼자서 지은 집이다.

엄마 사랑도 제대로 못 받고, 할머니의 보육은 받았어도 제대로 양육은 받지 못했다. 매사에 자신이 없는 것이 엄마 없이 자란 사람들의 특성이라면 특성일까? 동생들이 그랬다. 나도 친정어머니의 든든한 뒷배경이 있었다면 아주 고집 센 공주로 자랐을까? 허나 엄마의 죽음과 함께 나의 고집은 사라지고 말았다.

일곱 살에 엄마를 여읜 이 동생의 태몽을 할머니가 꾸었다. 꿈에 이 아이가 앞으로 임금이 될 아이라며 사람들이 축복하고 있었다고 한다. 그래서 이름을 왕이라 지었다. 항렬이 연자 돌림이라 연왕이 되었다. 골격과 인물이 훤칠하여 외관은 왕으로서 손색이 없는 듯했다. 엄마를 일찍 여의고 보니 할머니들의 보살핌 속에서 나약하게 자라, 모진 세상과 어울려 살기가 쉽지 않았다. 아버지의 가정에 대한 무관심은 이 동생의 호적만 봐도 알 만하다. 군입대 전 고등학교 시절에 주민등록증을 만들다 보니, 남자가 아니라 여자로 되어 있었다. 이름도 연옥이고 주민등록 뒷자리가 2로 시작되어 군대도 갈 수가 없었다. 그제야 호적을 다시 정리하고, 이름은 그대로 두고 주민등록 뒷자리를 1번으로 고쳤다. 그 시절 면사무소의 행정이 어떠했는지 알 수 있는 대목이다. 임금왕(王)자에 마침표를 찍어 왕을 옥(玉)으로 만들어놓은 것이다.

'그 잘생긴 인물에 왜 장가를 안 가느냐?'는 소리를 들으면서 푹 빠진 것이 특허발명품이었다. 운동기구 발명하느라 틈만 나면 연구하고, 코엑스 발명품 대회에서 금상을 받긴 했지만, 경제적으로 도움이 안 되고 오히려 생계에 지장만 가져왔다. 국제발명특허권도 받아 놓고, 온 신경이 발명에 있어 '차라리 실용신안권에 도전해 보라.'고 해도 오직 운동기구에 매달려 오십을 넘긴 것이다. 발명품을 만들 공간이 필요하다며 이층으로 집을 지은 것이다.

어쨌든 집은 있어야 하기에 응원했다. 나와 공동명의로 증여받은 땅에 지은 집이다. 등기를 내기 전에 대출받아야 하는데, 여러 가지 서류들이 복잡해 대지 지분은 내가 동생에게 증여한 것으로 마무리했다. 임야를 지목 변경하여 집을 지었으니, 여러 가지 문제점과 경제적 어려움이 많았다. 그런데도 끈기 있게 마무리를 잘하고 입주했다. 집터의 기가 세다고 하는데, 새집에서의 첫날밤은 무섭다는 이야기를 들었다. 처음엔 으스스 무섭더란다. 그리고 입주 첫날 밤에 잠을 자는데, 어두운 그림자가 억센 팔로 목을 조여 오는데, 죽을 것 같더란다. 그 와중에 입에서 나온 말이 "내가 정 대장 손자다."라 하니까 '조여 있던 팔에 힘이 스르륵 풀리면서 살아났다.'고 이야기한다. '그 후로는 그 집이 무서운 것이 아니라, 이제 아늑하다.'고 이야기하면서 '본가에서 자고 가라.'고 해도 제집이라며 밤중에도 산기슭으로 간다.

그래도 잠재의식 속에는 '조상에 대한 뿌듯한 뿌리 하나는 제대로 자라고 있었구나!'라고 생각한다. 만석꾼이 천석꾼으로, 천석꾼이 조상의 터전인 생가터를 경매로 넘길 위기를 넘기면서도, 이렇게 살아와 준 내 동생이 대견하다. 전설 속의 이야기 같은 사연을 품고 있는, '내 집안의 이야기를 내가 사는 동안 잘 정리하여 기록으로 남길 수 있을까?'라고 고민하게 하는 하루다.

고속도로 첫 주행

- 광복절 특집 '진주의병장 정한용' 방송촬영장

내일이 오면, 진천에서 진주까지 가야 한다. 밤새 잠이 오지 않는다. 잘 자야 맑은 정신으로 고속도로를 운전할 텐데. 그러다 잠이 들었다. 다음날 2023년 8월 9일 오전 8시, 내비게이션에 진주시 평거동 아무 번지나 눌러 입력하고, 안전벨트를 매고 출발했다. 난생처음 고속도로 첫 주행을 하는 날이다. 혼자서 고속도로를 운전해야 하는 긴박한 일이 생겼다.

인천대학교 독립유공자 발굴사업연구소 소장님인 이태룡 박사님께서 전화하셨다. 오는 8월 15일 광복절 특집 뉴스에 정한용 할아버지에 관한 방송을 한단다.

"서훈받지 못한 의병들 중에서 가장 억울하다고 생각되는 의병이 있다면, 누구라고 생각하느냐?"는 질문에 소장님은 "진주의병장 정한용이다."고 했고 "그럼 정한용의 후손과 인터뷰를 할 수 있겠느냐?"고 물었단다.

그리하여 정한용의 생가인 하동에서 촬영하기로 KBS와 약속을 했다. 진주에서 하동까지 왔다 갔다 하려면 기동성이 있어야 한다. 대중교통으로는 도저히 감당이 안 될 것 같다. 내가 자동차를 운전하기로 마음을 먹었다.

나는 1986년에 면허증을 발급받았다. 몇 번 연수를 시도해 봤지만, 운전을 할 만큼 용기가 없었다. 그러다가 진천으로 이사를 와서 아버지를 모시고 병원 다니는 일로 운전대를 잡았다. 그럭저럭 용기가 났다. 충북 혁신도시 사방으로 20km까지는 무사히 다녔다. 그러다 딸이 살고 있는 동탄까지 갔다 온 날은 대단한 날이었다. 그리고 5년 차 접어든 오늘 진주행을 감행했다. 불안과 설렘을 안고 출발했다. 태풍 카눈이 온다고 뉴스는 대대적인 방송을 한다. 태풍이 오기 전에 가려고 서둘렀다.

내비게이션의 안내에 따라 줄곧 가다가 진주 통영 우회전 진입에서 잠깐 당황했다. 그리고 함양휴게소까지 쉬지 않고 달렸다. 생각보다 두려움은 없었다. '정신만 차리면 무엇이든 할 수 있어.'라며 나 자신에게 최면을 걸어가며 안전 운행을 했다. '역시 의병장 할아버지의 기운이 나에게 들어온 것 같아.'라며 편안히 잘 가고 있었다. 그런데 함양을 지나고 산청쯤 오니, 갑자기 길이 보이지 않는다. 빗줄기와 비바람이 길을 막았다. 그때 옆 차선에서 비상등을 켜고 오던 차량이 내 앞으로 와서 앞장서서 달린다. 불빛을 보고 그 뒤를 바짝 따라갔다. 등대같이 깜빡거리며 앞에서 호위해 주고 있었다. 꼭 누군가가 나를 도우려고 온 것처럼.

무사히 진주에 도착하니, 안개는 걷히고 비만 내리고 있었다. 당숙모님 댁에 가서 할아버지 유품을 차에 실었다. 오빠와 함께 원지에 사시는 삼촌을 모시고 생가인 청수에 도착하니, 약속 시간에 딱 맞춘 오후 1시였다. 오는 도중 촬영팀이 먼저 도착했다는 연락을 받아 마음이 바빴다. 도착해 보니 마을에 계시는 몇몇 분들이 와 계셨다.

촬영하는 내내 비가 내렸으나, 무사히 잘 마쳤다. 다음날까지 비는 바람과 함께 계속 내렸다. 집 앞 개울가는 물이 넘쳐 폭포수가 되었다. 어렸을 때 비 오는 날 친구들과 놀던 생각이 났다. 우산을 쓰고 비 오는 동네를 한 바퀴 돌아보았다. 동네 중간쯤에 사는 친척 정연배 오빠의 집을 방문했다. "그 큰집에 혼자 자면 무섭지 않냐?"며 자고 가라고 올케언니가 이부자리까지 깔아준다. 밤 9시인데도 동네는 한밤중이다. 언니가 잠든 모습을 보고 슬그머니 집으로 올라왔다. 냇가의 청량한 물소리는 나를 행복하게 했다. 밤새 그 물소리를 들었다. 비가 그치며 '잠들어야지.'하다가 결국 밤을 새웠다.

이튿날 아침까지 비는 계속 내렸다. 빗줄기는 북상하여 진천으로 갔다. 오후부터 하동의 하늘은 맑았고 바람이 불어 가을 날씨처럼 시원했다. 밤하늘을 쳐다본 나는 깜짝 놀랐다. 별들이 어디서 나왔는지 눈꽃송이처럼 반짝거리고 있었다. 눈이 내리는 것처럼 어디서 저렇게 많은 별들이 숨었다가 나왔는지 "와아, 멋지다."라며 나 혼자서 소리쳤다. 그러자 별똥별이 어디서 나타났는지 구름 속으로 사라진다.

나는 하루 더 쉬고 금요일 진천 집으로 왔다. 한 번 고속도로를 운전해 보니 이제는 별걱정 없이 다시 하동으로 갈 수 있을 것 같다. 생각만 하고 살면 걱정만 쌓인다. 티벳 속담에 '걱정을 해서 걱정이 없어지면 걱정이 없겠네.'라는 말이 있다. 정신 차리고 실천하는 것이 얼마나 중요한지 알았다. 회갑이 지나서 이런 용기가 생기다니, 이것이 다행스런 일인지는 나도 모르겠다. 하지만 모든 일은 생각보다 실천이 중요하다는 사실 하나는 확실히 체험한 학습이었다.

집안의 화재사건

50년이 훌쩍 지난 세월을 이고 하동군에 있는 횡천마을을 가고 있다. 2023년 8월 6일 정한용 의병장 생가에서 광복절 특집 뉴스를 촬영했다. 이 집터에서 일어났던 일들을 기록하고 싶은데, 엄두가 나지 않는 일이 있다. 집안의 화재 사건이다. 이 사건의 현장 목격자를 찾아 다음날 길을 나섰다.

데인 자국을 내놓기 싫은지 할머니도 아버지도 집안에 불난 이야기를 하지 않으셨다. 동네 사람들의 입으로 전해진 우리 집에 불난 사건을 나도 감히 서두를 꺼낼 수가 없었다. '언젠가 한 번은 언급해야지.' 생각하면서도 손이 떨려 기록할 수가 없었다.

할아버지가 거주하신 집은 서인랑채이다. 곡식을 쌓아두는 흙으로 만든 커다란 고방 앞이다. 할아버지의 방은 아무나 들어갈 수가 없었다. 윗대로부터 물려받아 온 임금님의 하사품과 할아버지께서 사 모은 진귀한 물건들이 가득하였다. 이 사람 저 사람들이 하는 이야기를 종합해 보면, 집 한 채가 박물관이 아니었나 싶다. 그래서 아무나 할아버지 방은 구경할 수가 없었다. 할아버지가 안 계실 때 할아버지 방은 늘 자물쇠로 잠겨 있었다고 전한다.

할아버지께서는 진주에 작은 집을 두고 있었다. 서울서 모셔 온 할머니라 우리는 서울할머니라 불렀다. 진주에 계시다가 하동 본가로 오신다는 기별을 받고 할아버지 방에 불을 지폈다. 계절적으로 보아 추운 날씨였던 것 같다. 집안일을 돌보던 젊은 총각이 군불을 땠다. 할아버지 방을 따뜻하게 덥혀 놓았던 것이다. 그런데 본가에 도착한 할아버지는 호주머니에서 편지를 꺼내 보고 무슨 다급한 일이 생겼다며, 다시 진주로 가셨다.

그날밤 주인 없는 그 방안에서는 구들이 타(감 탔다고 함) 안에서부터 불이 붙기 시작했다. 새벽녘에 불이 훤하게 밝혀진 할아버지 집인 서인랑채를 보고, 사람들은 혼비백산했다. 할아버지가 애지중지하는 유동자산, 그 모든 것이 다 들어 있는 방에서 불이 난 것이다. 추사 김정희와 이순신의 글씨, 대원군의 난 그림, 선조들이 받은 하사품들이 남김없이 몇날 며칠을 탔다. 그 당시 옆집에 살았던 정연배(1937년생) 오빠의 이야기를 들어 보면, "내가 아침 일찍 택시를 타고 진주로 안 갔나. 할아버지가 아침상을 받아 놓고, 니가 이 아침에 웬일이냐, 절부터 해라해서 절을 하고 불난 이야기를 했더니, 아이고 하며 풀썩 주저앉으셨어."라고 했다.

또 다른 정연구(1934년생) 오빠의 이야기는 "택시를 타고 온 할아버지가 신작로에서 내렸는데, 다리가 후들거려 걷지를 못해 내가 업고 집에 모셔다드렸지."라고 한다. 동네 사람들의 말도 오색찬란한 연기가 하늘을 뒤덮었다.

다 타 버린 할아버지의 서인랑채의 재가 식기를 기다려 잿더미를 얼개미[2]로 쳤다. 은전과 상평통보가 몇 가마니나 나왔다. 기자조선시대 엽전을 찾느라 그렇게 재를 쳤다고 한다. 할아버지가 가장 아끼는 보물이었는데, 결국 찾지 못했다고 한다. 우리가 어렸을 때 마당에는 엽전들이 뒹굴

2) 곡식을 고르는 체의 일종으로 발이 굵어 콩 같은 것을 고르는 데 쓰는 도구.

어 다녔다. 우리는 그것을 놀잇감으로 갖고 놀았다.

진주시 국회의원을 지냈던 OOO 의원은 "지금 대한민국의 보물이 다 타고 있다."며 문화재법을 고쳐야 한다고 했단다. 할아버지의 집은 할아버지의 마음까지 새까맣게 만들어 놓았는지 3년 후에 할아버지는 세상을 떠나셨다. 추석 지나고 돌아가신 할아버지의 장례는 지역 유림들에 의해 7일장을 치렀다.

집 앞에 냇가가 흐르고 수백 년 된 나무들이 있고 돌담을 낀 대문 안에 가매장된 할아버지의 장례식은 나도 생각이 난다.

집안 아지매와 결혼한 횡천 아재를 만났다.

"아재, 우리 집에 불이나 사흘 밤낮이 탔다고 하는 데 맞나요?"

"그랬지, 옆에 있는 할머니 고방에 불붙을까 봐 물을 갖다 붓고 애를 많이 썼지."

옆에서 아지매가 거든다.

"땅에 온통 엽전이 굴러다녀 우리가 그것 갖고 안 놀았나?"

한숨 한 번 쉬어 보고 나는 물었다.

"집에 불났을 때, 아재가 불 땠어요"

"아니, OO가 땠지, 그런데 이건 아무도 모르는데, 그때 할아버지 방에 조금만 쥐구멍이 있었어, 그래서 불이 난 거 같아."

"그때 불 땐 그 사람은 혼났어요"

"나이가 어렸는데 뭐 혼이 나?"

감히 손댈 수 없는 이야기지만 그래도 수박 겉핥기식이라도 열어 두고 싶다. 화마의 아픔이 어떤 것인지, 그 손실은 또 어떤 흔적을 남기는지, 예방만이 최선이라는 것을…….

유월이면 생각나는 자귀꽃

잎새 받친 무대 위 부채춤 날개 활짝
분홍 공작인 듯 화사한 꽃 자귀야
오발탄 학도의용군 혼들이 내려앉은 듯

터지는 심장 부여잡고 외쳐도 외쳐도
듣는 이 없이 죽어간 그대 외침이
울음을 접은 물결로 피어난 상여 꽃

이렇게 소리 없는 꽃으로 피어나
때로는 흐뭇이 때로는 망연히
조국의 자랑스러운 깃발로 모여들어

한반도 산천의 꽃으로 나부끼어
곳곳에 주파수 세워 이 땅을 지키는
보루 속 관제탑인 그대들 아름다운 꽃이여

넝쿨장미 붉게 타는 유월이 오면 나의 마음은 숙연해진다. 현충일과 6.25, 그리고 엄마의 기제사가 있기 때문이다. 6.25전쟁은 겪어보지 않았지만, 어린 시절 가진 것이라고는 가난밖에 없었던 나라였다. 가난은 나라님도 못 구한다는데, 그것을 기어이 이기고 이 나라를 일으켜 세운 대통령이 있었다. 이 나라 이 땅에 널린 넝마들을 치우고 새 옷을 갈아입힌 새마을 운동이 초석이었다. 붉은 피돌기가 넝쿨장미처럼 활활 타고 있는 유월에 그 시절을 회상해 본다.

"새벽종이 울리네 새아침이 밝았네"라는 〈새마을 노래〉가 동네를 떠들썩하게 했다. 지붕개량 사업으로 초가집을 없애고, 양철과 슬레이트로 지붕들이 옷을 갈아입었다. 늘 동네는 공사 진행 중이고 길도 넓혔다. 쌀이 모자라 고구마로 간식 같은 점심을 먹고, 저녁은 배급받은 밀가루로 수제비를 먹었다. 아침부터 저녁까지 쉬지 않고 일한 우리의 부모님들은 개미허리처럼 날씬했다. 풍요로운 오늘이 있기까지 이 나라 이 땅에 흘린 선조들의 핏빛이 장미 덩굴을 타고 흐르는 듯하다. 유월에 피는 자귀꽃 또한 조상들의 고귀한 정신이 깃든 듯해, 이유 없이 숙연해지는 순간이다.

2023년은 정전 70주년이 되는 해다. 대전지방보훈청과 탄약지원사령부가 참전유공자 초청위로연에서 참전용사 10명에게 새 제복을 수여했다고 한다. 피 묻은 군복 대신 제복 한 벌을 주는데 이렇게 긴 시간이 필요했는지 묻고 싶다. 그것도 10명이라는 한정된 사람에게만. 젊은 학도의용군을 비롯한 참전용사들이 남긴 아픔의 흔적이, 마음의 상처는 보이지 않는다고 하여 보듬지 못하고 아무런 보상도 생계도 책임지지 못했던 이 나라. 전쟁에서 다친 상이용사가 되어야만 국가에서 주는 혜택을 받고 생계에 조금이나마 보탬이 된다는 사실. 다친 사실을 입증해야만 하는 것이 현실이다.

살아서, 살아남아서, 살아야만 했던 산 자의 마음은 어떠했을까? 전쟁은 끝났지만, 마음속에 살아있는 악몽의 트라우마라는 전쟁은 끝나지 않았다.

왜 우리나라는 죽어야만 영웅이 되는 걸까? 살아남아서, 끝까지 살아서 영웅 되는 일은 없을까? 더 많이 이 땅을 위해 일할 수 있는 시간을 벌어, 버텨주는 것이 왜 역사의 단두대에 올라야 할까? 아픔을 함께 나누며 함께 살아가는 것이 진정한 영웅이 아닐까?

만약 이순신 장군이 임진왜란 때 전사하지 않고 살아 있었다면, 평가는 어떻게 되었을까? 오죽하면 이순신 장군이 일부러 갑옷을 입지 않고 뱃전에 나가 화살을 맞았다는 이야기가 전할까?

죽어야만 영웅으로 대접받을 수 있다면 오늘날 나라의 부름을 받고 입대하여 사고사가 난 경우는 어떻게 하였는가? 오죽하면 군대에서 죽는 건 개죽음이라 했을까? 그런데 사회에서 집단적인 사고가 났을 때는 어떠했는가? 우리 모두 한 번쯤 깊이 생각해 봐야 하지 않을까?

부디 죽지 말고 살아 남아라는 어느 의병장의 절규처럼 우리 모두 영광스럽게 살아, 이 나라 이 땅을 함께 가꾸어 가는 사람이 되어야 진정한 영웅이지 않을까?

호국보훈의 달, 유월을 맞이하여 아픈 이 땅에 새로운 힘이 솟아났으면 좋겠다. 저 붉은 장미넝쿨처럼 힘차게 피돌기가 돌아 활력 있는 대한민국이었으면 참 좋겠다.

증조부님들 묘의 이장을 꿈꾸다

2월 추위가 엄습하고 지난 자리에 경남 하동의 매화는 하얀 얼굴을 하나둘씩 내보이기 시작했다. 마른 나뭇가지 사이로 언뜻언뜻 보이는 봄꽃들의 모습이 얼었던 몸과 마음을 훈훈하게 했다. 아직은 2월이라 눅눅해진 몸을 으쓱거리며 북천면 옥정리에 누워계신 정철기 고조부의 묘소에 들렀다. 주변 땅에 있는 매화와 감나무를 정리하고 밭에 경작할 작물을 물색하다가 농작물경작은 포기하고 나무를 심기로 했다.

지난 한 해, 농사를 짓지 않았다고 키 높이보다 더 무성하게 자라 있는 풀줄기가 나무처럼 서 있다. 바닥은 노란 잔디를 깔아 놓은 듯 푹신한 풀들이 양탄자를 밟고 지나는 듯하다. 충청도에서 경상도를 다니면서 어쩌다 주말에 가서 농사를 짓는다는 것이 얼마나 무모한 행위인가를 체험했다. 그 후부터는 얼치기 농사꾼 행사를 그만하기로 했다. 작년에 농사를 그만두었더니 이런 상황이 발생한 것이다.

토요일 진천으로부터 내려와 하동군 산림조합 묘목장에서 나무 12그루를 구입했다. 일요일 아침밥은 남동생들과 먹고 고조부 산소 주변 밭에다 나무를 심었다. 생각보다 일이 일찍 끝났다.

어제저녁에 증조부 정한용 의병장의 묘소가 어디 있는지 한 번 가 보고 싶다고 했더니 얼른 산소로 가자고 한다. 처음 가보는 산소라 최소한의 예는 차려야 할 것 같아 소주 한 병과 육포, 오징어포를 주변 마트에서 샀다. 북천면 양천이가 산소라는 말만 들었지, 양천이가 어느 동네인지 몰랐다. 상촌 마을을 지나 한참 차로 올라왔더니, 솔마루농원이라는 표지판이 있다. 임도(林道) 따라 오솔길을 올라가는데, 주변에 소나무가 지천이고 농원답게 각종 묘목들이 잘 정돈되어있다. 한때는 60만 평이라는 이 산도 우리 산이었다는데, 이제는 다 남의 땅이 되어 있다. 조금 더 올라가니 언덕진 솔밭 사이에 풀 한 포기 자란 흔적도 없는 황토 봉분을 보는 순간 온몸에 한기가 서렸다. 살아서는 의병 활동을 하느라 고생하시고, 죽어서는 이렇게 인적 없는 산마루 언덕배기에 누워 계시는 것인지? 햇빛 한 점 들지 않을 듯 거목인 소나무에 둘러싸여 있는 봉분! 풀 한 포기 없는 황토 봉분은 비가 오면 씻겨 내려가지 않을까 걱정되는 모양새다. 오싹한 한기가 몰려온다. 순간 이분을 아버지가 계시는, 오늘 나무심기 작업을 한 그 산소로 이장해 드려야겠다는 생각이 불현듯 난다. 썰렁하고 아픈 마음을 간직한 채 하직 인사를 하고 산을 내려왔다.

진주민란으로 텅 빈 진주병영에 통 크게 쌀 천 석을 기부하신 정철기 고조부와 어지러운 나라를 구해 보겠다고 나선 그의 두 아드님 정호용과 정한용!

정한용은 고종황제 우시어(호위무사)를 하신 정호용 형님과 연계하고 진주시민의 추대로 의병을 일으켜 군량미로 만석꾼 살림살이를 초토화시켰다. 그것도 모자라 군자금 마련을 위해 지역 유지들을 상대로 기부도 받고 때로는 협박도 하였다고 한다. 그것이 화가 되었는지 공적으로 유용된 것을 형님인 우시어에게 두 배나 더 징수하여 온 집안이 풍비박산 나고, 부모 형제가 정처 없이 떠돌아다니는데도 서로 돌보지를 못했다고 한다.

그 후 정 대장 집안이 망하는 것을 그냥 볼 수 없다는 지역유지들의 도움이 있었다고 한다.

정한용은 따님을 혼사시켜야 할 때 "나와 사돈을 맺고 싶으면 쌀 천 석을 내시오."라고 했단다.

그랬더니 산청군의 어떤 학식 높은 집안에서 쌀 팔백 석을 가져와 다 망한 정 대장의 가문과 혼사를 했다고 전한다. '정한용이 신망을 잃었다면 이런 일들이 일어날 수 있었을까?'하는 생각을 해본다. 신돌석 장군이 지리산 어떤 양반한테 무술을 배웠다고 했다.

"그 사람이 느그 할아버지다"하고 어떤 노인이 증손자에게 말하더란다. 정한용은 게릴라전에 뛰어났다고 전한다. 『황석공소서』를 비롯한 병법책이 집안에 굴러다닌 이유를 알 것 같다.

그리고 우시어께서 40세로 세상을 떠날 때 염을 하는데, 온몸에 인두자국과 같은 상처투성이로 멀쩡한 곳이 없었다. 우시어의 아버지와 동생은 그 상처를 그때 처음 보았다. 그 고문과 고통 속에서도 말 한마디 없으셨단다. 고종황제 신변의 안위와 동생의 의병활동에 관한 정보를 제공하느라 온몸에 상처를 훈장으로 단 형. '의병활동은 동생이 하고 고문은 형이 다 받았다.'는 소리가 후세에 전해진 장면이었다.

올해 우리나라 나이로 회갑이 되는 고손녀가 그동안 말로만 들었던 의병장 할아버지의 산소를 처음으로 참배했다. 응달에 계시는 할아버지가 죽어서도 추워할 것 같아 묘를 이장해야겠다는 당찬 생각이 마음 가득 들어왔다. 묘 이장에 대한 동의를 얻어야겠다고 생각한 나는 호적상 장자로 되어 있는 작은집 당숙은 돌아가신 지 오래이니 당숙모께 전화를 드렸다. 당신도 산소가 늘 마음에 걸렸고, 이장을 하면 좋겠다는 동의를 얻었다.

상조회사에 전화하여 이장 비용과 절차에 대해 상담했다. 꼭 두 아드님을 아버지가 계시는 햇빛 좋고 전망 좋은, 관리가 가능한 고조부의 묘소 아래에 두 분의 유택을 새로 마련해 드리고 싶다.

폐암 환자이던 내 젊은 미혼의 동생이 중환자실에서 세상을 떠났을 때, 사망선고 2시간 후 병원에 도착했다. 시신을 확인하고 "그래 엄마 옆으로 가자."라고 말했을 때, 동생의 얼굴에 환한 웃음꽃이 피어나던 모습이 떠올랐다.

'이렇게 추운 곳에 잠들어 계시니, 모든 후손들이 어렵고 힘들게 사나 보다.'하는 생각이 뇌리를 스친다. 동생의 모습처럼 아버지 옆으로 모셔다 드리면 두 분도 흐뭇해하실 것 같다.

이렇게 조선의 독립을 위하여 애쓰신 삼부자를 햇빛 잘 드는 아버지 묘역으로 모셔 와야겠다. 어떻게든 조심스럽게 두 분의 묘를 이장해야겠다는 나만의 생각에 빠져본다. 2023년은 때마침 윤년이다.

하동의 모든 매화가 활짝 피어날 봄날이 기다려진다.

제2부

흔적 따라

2009년 봄 제주 여행기

아무리 노력하여도 헤어 나오기 힘든 바다를 맨몸으로 수영하여 횡단하는 시기에 누군가가 나를 좀 구조해 주었으면 좋겠다는 진심을 겨울바람은 알고 있나 보다. 삶의 여유가 여름 나무의 잎사귀만큼 찬란하여 여유롭게 여행을 다니는 가족을 보면 부러움이 일었는데, 살다 보니 뜻하지 않게 겨울나무가 여행의 행복을 가져다주었다.

혹한의 겨울이 지나고 봄이 온다는 2월에 철도청에 근무하는 아들 친구 명훈 아빠의 주선으로 제주도 기차여행을 가기로 했다. 살림살이가 어렵던 시기라 여행이라고는 엄두를 내지 못할 때인데, 여행비가 아주 저렴해 놓치면 후회를 할 것 같아 무리해서 예약했다. 2009년 2월 27일 금요일 12시 밤 기차로 2박 3일 제주여행을 예매했다. '과연 그런 날이 올까?' 기다렸는데, 시간은 지체없이 흘러 그날이 왔다. 밤 12시에 사람들이 두꺼운 외투를 입고 우리 동네 기차역으로 모여들었다. 친정아버지와 나, 아들, 작은딸 모두 4명과 아들 친구 박주현 가족 4명이 추운 겨울바람을 뚫고 제주도 여행을 간다고 밤중에 덕정역에 모였다. 얼굴엔 웃음이 달맞이꽃처럼 피었다. 남편은 출근 때문에 함께 가지 못하고 우리들을 배웅하고 헤어졌다. 큰딸은 수학여행을 제주도로 갈 예정이라 함께 가지 않았다. 제주도 여행이 목적지인 이 기차의 노선은 우리 집에서 걸어 5분인 덕정역에서 출발한다. 의정부역과 성북역 그리고 청량리역을 거쳐 영등포역에서 사람들을 태운다. 밤새 달려 서대전역에서 약 2분간 정차하여 승객을 태우고 새벽 5시에 목포에 도착한다. 목포에서 아침을 먹고 제주행 배를 타는 일정이었다.

기차가 어둠 속을 달리는데 저마다의 기대에 부푼 사람들, 잠이 오지 않았다. 하루 종일 삶의 풍파에 지쳤을 사람들이 노래하고 이야기꽃을 피운다. 고단함에 지쳐 잠에 물들어 가는 사람들이 조용히 해달라고 요청한다. 수학여행 가는 기분으로 팀을 이루어 온 기운 넘치는 사람들은 아쉬운지 그러겠노라 해놓고 또 떠들기 시작한다. 먹거리를 잔뜩 준비해 온 사오십 대 사람들의 분위기가 금방 잠을 잘 것 같지 않다. 기차가 출발한 지 2시간이 지났다. 잠깐이라도 잠을 자야 하는데, 한두 팀이 소란을 피워 78세인 아버지를 핑계 삼아 "미안합니다. 할아버지 주무시는데, 좀 조용히 해주세요."라 했다. 그랬더니 "예, 죄송합니다."하며 조심하는 태도를 보여줬다.

그런데 친구네 가족 앞 팀이 "미안합니다, 죄송합니다."를 연발하며 술주정을 한다. 본인은 신나서 부르는 노래지만, 듣는 사람은 괴로운 것이다. 초·중·고등학생들도 있는데, 이런 모습을 보여 어른으로서 아이들에게 민망스러웠다. 소란을 피우는 팀에 또 다른 팀이 주의를 줘, 더 큰 소란은 일어나지 않았다. 가족과 주변을 살피고 살짝살짝 잠에 취하며, 평생 처음으로 밤 기차를 타고 가는 여행은 특별했다.

예정대로 새벽 5시에 기차는 목포역에 도착했다. 찬바람 도는 낯선 목포는 어둠 속에서 잠자고 있었다. 별빛처럼 빛나는 전기불빛만 반짝거렸다. 530명이란 인원이 각 팀으로 나누어져 인솔자의 지시에 따라 움직이는데, 많은 시간이 걸렸다. 기차 번호별로 한 팀이 되어 관광버스를 타고 목포항으로 이동했다. 우린 기차 3호기를 타고 와 3호팀이 되었다. 유달산 일출을 구경할 사람은 등산을 하고, 배가 고픈 사람은 식당으로 가서 먼저 밥을 먹기로 했다. 아들과 친구 주현, 주현 아빠는 등산을 하고 나머지 사람들은 식당에 가서 이른 아침밥을 먹기로 했다. 오전 6시였다. 밤새 예약 손님 맞을 준비를 하느라 애쓴 식당들이 불을 밝히고 있었다. 식당에 들어서니 메인 메뉴인 고등어조림과 꽃게탕 그리고 밑반찬이 셋팅되어 있었다. '이 추운 날, 이 많은 사람들의 밥을 준비하느라 얼마나 분주하고 바빴을까?' 생각하니, 감사한 마음이 들었다. 4인 1조가 되어 식사를 하게끔 식탁은 차려져 있다. 우리 팀 8명 중 3명이 등산을 가고 5명이 남아 한 명이 다른 테이블로 가서 식사를 하게 되었다. 맛있게 밥을 먹는데, 밤새 노래하고 술주정을 부리던 일행 팀의 한 아주머니가 갑자기 큰 소리로 "여러분, 밥이 이게 뭡니까? 우리가 거지입니까?"하며 "철도청 여행 절대 하지 맙시다. 여러분 동의합니까?"하니 여기저기서 '우~.'하며 박수를 친다. '이만하면 괜찮은데 왜 그럴까?'했더니, '밥이 설익었다.'고 한다. 등산하고 늦게 와서 배식받은 아들 밥을 먹어보니 과연 그랬다. 그래도 그렇지, 저렇게 과격한 발언을 대중을 향해 화살처럼 날리다니, 식당 주인의 밤샌 노고와 성의를 무참히 짓밟는 행위라는 생각에 마음이 불편했다. 참으로 '사람들의 심중은 헤아리기 어렵다.'는 생각이 든다. 대중이 움직이면 때로는 불편함을 스스로 감수해야지 모든 것이 내 마음대로 되겠는가? 앞으로의 일정에 '또 어떤 일이 생길까?'하는 우려도 생겼다.

크루즈 퀸메리호가 9시에 출발한다고 하여 그동안 긴 공백이 생기자 연세 많으신 아버지가 불평하신다. "이렇게 2시간씩이나 기다리게 하는 법이 어딨어. 시간도 제대로 맞춰 떠나지 않는 이런 여행은 앞으로 하지 말아라."고 하신다. 차츰차츰 날이 밝아 오자 밤에 보았던 5층짜리 연립 같았던 집채는 우리가 타고 갈 퀸 메리호 배였다. 목포항의 국제여객터미널에 있는 어마어마한 배의 크기에 우리 모두는 깜짝 놀랐다. 하릴없이 매표소에서 2시간을 보내고 8시 20분부터 탑승을 시작해 각자의 자리를 찾아 짐을 내려놓았다. 우리 팀은 5층 512호실이었다. 짐을 풀고 창밖으로 바다를 바라보았다. 푸른 물결 일렁대는 항구의 바다는 청순한 모습이었다. 호기심에 배의 내부를 둘러봤다. 식당, 사우나실, 마사지실, 게임방, 노래방, 커피숍, 기념품점, 편의점, 해수 목욕탕 등 땅 위에 있을 것이 배에 그대로 실려 바다 위로 떠다니고 있었다. 배가 워낙 커 어지간한 파도에는 요동도 없이 물결 위를 소금쟁이처럼 항해하고 있었다. 오후 2시에 제주항에 도착했다.

제주도에서는 관광버스를 타고 이동했다. 제주도 여행지 몇 곳을 둘러보고 다음날은 우리나라 최남단 마라도를 가는데 작은 유람선을 탔다. 제주 겨울바람의 위력을 단숨에 보여주기라도 하듯 엄청난 파도는 작은 유람선을 뒤집어 삼킬 듯했다. 마법의 양탄자가 날아다니는 것 같고 바이킹을 탄 듯 무서웠다. 손잡이라도 놓으면 배가 전복될 것 같았다. 간신히 도착한 마라도는 허허로웠다. 마라도를 둘러보니, 작은 편의점 같은 포차에서 동동주와 간식거리를 팔았다. 동동주 한 잔 하시겠다는 아버지를 모시고 가서 주문했다. 포천 이동막걸리가 나왔다. 순간 얼마나 신기하던지……. 이런 외딴곳에서 우리 옆 동네 특산품인 막걸리를 마시다니, 입가에 웃음이 절로 났다.

휴애리, 감귤농장, 승마장, 일출랜드, 미천굴과 탐라원을 관광하고 제주 특산품매장에서 선물을 샀다. 제주 동백의 붉은색 향에 취했다. 어린 시절 시골집에 있었던 동백과 같은 품종이라 유난히 사랑스럽고 예쁜 동백

꽃에 마음을 흠뻑 빼앗겼다. 겨울꽃이 피는 제주를 배경으로 봄소식을 전하는 방송사들의 취재촬영이 한창이다. 우리 팀들의 얼굴이 TV에 나왔단다.

저렴한 경비에 고단한 여행을 하였지만, 아버지를 모시고 가족과 함께 하는 처음 여행이라 마음은 뿌듯하고 기분은 상쾌했다. 남편과 큰딸이 빠져 아쉽긴 했으나, 아버지와 함께 할 수 있는 여행이 앞으로 또 있을까?

어려운 경제사정에 이렇게 큰 선물을 준 아들 친구 명훈 아빠에게도 고마운 빚을 졌다. 물러가기 싫은 겨울바람이 쌩쌩 불지만, 귀가할 땐 사람들의 얼굴에 봄꽃이 피어나고 있었다.

고향 사람

타향에서는 고향 까마귀만 봐도 반갑다는 말이 있다. 경남 하동군 지리산 자락에서 태어나고 자란 사람들이 서울에 와서 산지도 어언 40여 년이다. '하동'하면 섬진강 화개장터가 떠오르고 매화와 벚꽃이 떠오른다. 그곳 출신이 아니어도 그럴 것이다.

그리움만 가득한 고향, 지난 세월의 흔적만 화석처럼 각인 되어있다. 고향 사람의 냄새가 그리워 찾은 곳이 향우회와 동문회다. 아이들도 다 자랐고 시간도 여유가 생겼다. 재경 총동문회와 향우회에 가입하고, 한 달에 한 번씩 산행한다기에 마음이 움직였다. 집안일과 직장 일을 병행하다 보니, 늘 참석할 수는 없었다. 여유가 될 때 행사에 참여해보니, 몰랐던 선후배도 알게 되고, 임원진들의 성격도 파악할 수 있었다. 특히 향우회 리더 선배는 내가 살고 있는 포천에 사업장이 있었다. 간간이 경기 북부에 있는 사람끼리 한 번씩 번개팅으로 점심 식사를 하기도하고 끈끈한 정으로 4, 5년을 지내왔다.

무미건조하고 반복되는 일상, 고향 사람들의 향기는 삶에 생기를 돌게 한다. 톡으로 매일 서로의 안부를 전하는데, 200명이 넘는 회원이 가입되어 있다. 매일 '깨똑 깨똑' 무음처리를 해놓고 한 번씩 눈팅으로 검색을 하는 것도 하루일과 중 하나가 되었다. 새로운 소통창구였다. 나도 어딘가에 속해있다는 당당한 소속감마저 느낄 수 있었다. 그런데 며칠 전(2018. 8. 20.) 월요일 아침 메시지에 리더 선배가 '일요일 불암산 산행을 간다고 사진 올린 후 연락이 두절되었다.'는 소식이다. 불암산 입구에 차는 그대로 주차되어 있다는 신고를 했고, 자체로 수색하고 있다고 한다. 불안하고 초조한 마음은 사정없이 우리 옥종 사람 가슴을 방망이질 치게 했다.

뒤이어 '시간 되시는 분 불암산 버스 종점으로 급히 오세요. 회장님 찾는 중'이라는 문자가 떴다. '이게 뭔 일이래, 설마 장난이야.' 계속 톡을 검색했더니, 온통 난리가 났다. 자주 연락하며 지낸 이미순 친구에게 전화했다. 친구도 의아하다며 '우리도 한번 가 볼까?'하며 마음이 편치 않은 것 같다. '같이 가자.'고 했다가, '몸 상태가 안 좋아 못 갈 것 같다.'고 하다가 '우리 둘이 가서 무슨 도움이 될까?'하는 마음에 망설임도 없지 않았다. '그래도 산 아래에서 심부름이든 뭐든 할 일이 있지 않을까?' '갈까, 가지 말까?' 결정을 못 하는데, 마침 동두천에 사는 서월임 후배가 차를 갖고 간다고 함께 가자는 연락이 왔다. 우리는 500ml 물을 80개 사서 싣고 급히 차를 타고 불암사로 갔다.

이미 다른 임원진들이 일을 진두지휘하며 다들 얼굴이 벌겋게 익어있다. 복더위가 아닌가. 여러 선배들 모습이 보이고 119소방대가 와있고 경찰 수색대는 오후에 오기로 했다며 이미 산속을 수색하고 있다. 우리가 도착했을 때 2인 1조로 산속을 수색해 달란다. 나와 한 조가 된 김재곤 선배님은 '한의원에서 침을 맞다가 침을 빼고 달려왔다.'고 한다. 나 역시 병원 갔다가 후배 차를 타고 왔으니, 복장 불량에다 신발도 샌들이다. 그런 상황에 물 한 병과 복숭아 몇 개를 받아 배낭에 넣고 황망하게 산을 오르며 수색을 진행했다. 험한 계곡 구석구석 샅샅이 찾아봤지만, 흔적을 찾을 수가 없었다.

경찰 수색대가 투입되고 수색견이 오고 헬기가 뜨고 드론이 떴다. 이제 시간은 저녁때가 다 되었다. 몇백 명이나 되는 사람들이 하루 종일 물 몇 모금으로 버티니 조금씩 지쳐가고 있었다. 늦게 연락이 닿았거나 문자를 확인한 새로운 선후배가 나타나고 이 사람 저 사람의 지혜가 모아졌다. 이대로 밤을 맞이할 수 없다는 절박함에 몇몇 사람들은 무속인을 찾아보자고 한다. '얼마나 답답하면 저럴까?' 간절한 마음을 알 것 같다. 용한 점집의 예시라고 누군가 철 계단 밑으로 가 보자고 이끈다. 신석범 전 회장님 역시 언젠가 지금 찾고 있는 그 리더와 왔던 곳이라고 거든다. 마지막 희망을 품고 사람이 잘 다니지 않는 곳까지 산을 되짚어 수색을 재개했다. 시간이 좀 지나자 찾았다는 흥분한 목소리와 함께 울음이 쏟아져 나왔다.

희망이 절망으로, 설움으로 변하는 순간이었다. '추락사한 지 하루가 지난 것으로 추정된다.'고 했다. 다시 헬기가 떠서 시신을 이송해 왔다. 3일장으로 장례가 진행되었다. 톡방은 '삼가 고인의 명복을 빕니다.'라는 문구로 가득 채워지고 있었다. 예기치 않은 횡액, 모두 황당하여 무어라 할 말을 잃고 무슨 말을 할 수가 없었다. 살면서 가족 말고 이렇게 아쉬운 이별을 맞아보기는 처음인 것 같다. 새벽에 일어나 보니, 비가 내리고 있었다. 갑자기 서글픔이 북받쳐 오른다. 톡에다 아침 인사를 했다. '포천 새벽하늘에 비가 내립니다. 하늘도 슬픈지 예정에 없던 비가 내립니다. 선배님도 포천사업장을 다녀갔나 봅니다. 사는 게 이리 허망한 것인 걸 이제 알았습니다. 편히 쉬십시오.'

그리고 딱 하루 조문할 수 있는 날이고, 그 다음날이 발인이었다. 모든 선후배가 딱 하루 만날 수 있는 날, 선배님의 인품대로 정말 많은 사람들이 왔다 갔다. '황망한 이별을 확인한다.'고, '애도 글을 올린다.'고 쉬지 않고 톡이 울고 있었다. 나도 마지막 인사말을 남겼다. 리더 선배가 다른 건 안 가져가도 톡은 검색하고 갈 거 같아 흔적이라도 남기고 싶었다.

선배님,

어제는 참 행복하셨지요.

그 많은 옥종중학교 동문들이 모여 나누는 얘기를 들으면서 싱긋 웃고 계시리라 생각했습니다.

지난 래프팅 때 8명밖에 안 왔다고 전 회장에게 "회장님 뿔났어요. 난 사표 낼게요."

웃음으로 얼버무렸는데, 그 웃음이 울음 되는 개그를 남기고 선배님은 가셨네요.

이제 아침 톡은 누가 울려 줍니까?

톡에서 피어나는 그리움의 향기는 어떻게 합니까?

선배님과의 좋은 추억만 간직하겠습니다.

선배님이 계셔서 행복했습니다.

부디 편히 영면하시길 기도하겠습니다.

설날 들이닥친 초상

오싹오싹 추운 날씨의 소한 대한이 지나고 나니, 2022년 새해 설(2월 1일)이다. 10여 년간 살았던 양옥집의 매서운 동장군이 손끝에 매달려 겨울이면 한파가 걱정이다. 하지만 아파트 생활은 겨울 동파 걱정에서 벗어날 수 있어서 한결 편했다. 이런 환경에서는 편안하게 제사를 지낼 수가 있는데, 제사에 대한 트라우마가 있는 나에게 올해 차례를 지내지 않겠다는 남편의 말은 마음의 짐을 덜게 했다.

이번 설은 시어머니가 입원하셔서 차례를 지내지 않기로 했다. 대신 구정 전날 부산 동아대학병원에 입원해 계시는 시어머니를 면회했다. 다음 날은 양산 요양병원에 계시는 시숙을 면회하고 진천 집으로 왔다.

함께 살고 있는 아흔하나이신 친정아버지께서 몸 상태가 좋지 않았다. 아버지께서 일주일째 탄수화물을 섭취하지 않으시고 속이 탄다며 찬물을 찾고 우유와 간식만 드셨다. 저탄수화물도 위험하니 식사를 조금이라고 해야 한다고 거듭거듭 말씀을 드렸는데도 식사를 거부하셨다. 곡기를 끊으면 죽는다는 소리를 들은 것이 있어서 의도적이신가 하는 의심을 품어보기도 했다. 그래서 혼자 계시면 안 될 것 같아 친정 식구들을 오라하고 부산을 갔다. 집에 오니 동생과 올케와 조카들이 와 있었다.

집에 도착해 보니 아버지는 '배가 아프다.'고 하신다. 평상시 엄살이 좀 심하신 아버지시라, 크게 걱정하지 않았다. 많이 아프시면 응급실에 가자고 했더니, '오늘 있어 보고 내일 가자.'고 하신다. 그러면서 "내 눈동자가 휘이 풀어진 게 죽을 때가 다 된 것 같다."고 하신다.

어제는 손아래 올케가 진통제와 수면유도제를 사다 드렸는데, 효과가 없는 것 같단다. 둘째 딸이 "할아버지 죽이라도 좀 드셔야 병원에 갈 수 있어요."라며 할아버지를 은근슬쩍 협박하니, 죽을 한두 숟가락 드시고는 병원 갈 채비를 하셨다.

코로나19로 인하여 병원은 복잡했다. 동네 응급병원으로 가서 검사를 했다. 심장과 신장이 다 안 좋아 투석을 해야 하고 패혈증이 온 것 같다고 한다. 전립선에는 종양이 보이는데, 암인 것 같단다. '대학병원으로 가서 검사를 다시 받아 보고 입원을 해야 할 것 같다.'는 의사 선생님 말씀에 기운이 빠진다. 10년 전에도 전립선암이라 하여 호르몬치료로 깨끗이 나아 걱정하지 않았는데, 조직검사를 해봐야 한단다. 이런 어수선한 마음까지 구급차에 싣고 충북대학병원으로 갔다. 명절 연휴라 119구급차에 실려 오는 응급환자들이 많았다. 밖에서 두어 시간을 기다렸다가 응급실로 들어갔다. 검사를 받고 중환자실에 입원한 시간이 새벽 2시 30분이다. 병원 의자에 누워 밤을 새우고 응급실에서 필요한 물품을 전해주고 집에 도착하니 점심시간이 되었다.

그때 부산 시어머님이 입원한 병원에서 상태가 좋지 않으니, 보호자에게 오라는 전갈이 날아왔다. 이틀 전 면회를 갔을 때 투석으로 피를 맑게 해서인지, 시어머님은 혈색이 좋아 보였다. 손발 부기도 싹 빠져 다른 때보다 건강해 보이셨다. 하지만 욕창으로 인하여 앉아있는 것조차 힘들어하셨다. 누우면 숨이 가빠 앉아서 주무시고, 24시간 내내 힘들어하신 어머니는 오죽했으면 '죽겠다고 산소호흡기 줄로 목을 묶는다.'며, 간병인이 '힘들어 간병을 못하겠다.'고 한다. 날벼락 같은 소식에 또 부산을 가야 하나, 이제는 양치기 소년처럼 되어버린 위독 상황이다. 그 소리에 부산을 왔다 갔다 했던 일들이 '설마 이번에도 괜찮겠지.'하며 '좀 쉬어야겠다.'는 생각을 했다. 그 생각도 잠깐, 심장이 뛰지 않는다는 전갈을 받고 부랴부랴 짐을 싸서 내려가고 있는데, 돌아가셨다는 전갈이 왔다.

아무도 임종을 지켜보지 못했다. 며칠 전 면회 시간에 온 식구가 차례로 얼굴을 뵙고, 몇 마디 나눈 이야기가 살아생전의 마지막 모습이 되어버렸다. 시어머님의 고통스러워했던 모습을 상상하고, 안치실에 계시는 모습을 뵈면 괴로울 것 같아 아무도 가려고 하지 않는다. 염하고 입관할 때 뵙기로 하고 상조회 직원의 안내에 따라 장례식을 준비했다. 입관 할 때 뵈니 야위긴 했어도 편안한 모습이라 오히려 위안을 받았다. 편히 가시라 기도하며 온몸을 매듭매듭 묶어가는 대렴을 지켜보았다.

동생을 보낼 때와는 또 다른 느낌으로 다가오는 것은 혈육의 정이 더 무섭다는 것일까? 젊은 나이에 혈혈단신으로 떠났던 동생과는 달리, 여든다섯 해를 사신 시어머님을 보내드리는 무게는 가벼웠다. 질병으로 고통스런 삶을 이어가느니 안식에 드는 것이 더 낫겠다는 생각이 이번에도 나를 위안하고 있었다.

발인 전날 아버지가 입원하고 있던 대학병원에서 일반실로 가셔야 하니, 간호할 보호자를 보내 달라고 한다. 갈 사람이 오빠밖에 없으니, 아버지 보호자로 가달라고 요청했다. 흔쾌히 가겠다고 하는데, 감기가 걸려 기침을 심하게 하고 있었다. 코로나 검사와 감기치료를 받는 일주일 동안 조카(정의산)가 할아버지를 간호해 드렸다.

코로나19로 인하여 면회는 일절 금지되었다. 정부 방침에 따라야 하는 병원만을 탓할 수도 없었다. 환자를 병원에 입원시키고 있는 사람은, 사람 사는 세상에 살고 있는 게 아니었다. 세균에 점령당한 포로의 신세와 같았다. 현대판 고려장인가 하는 생각을 떨칠 수가 없었다.

차례를 지내지 않는다는 홀가분함을 이렇게 정신없이 맞이할 줄 어떻게 알 수 있었겠는가? 차례를 지내지 않을까 걱정하신 시어머님의 제사는 이제 설날이 된 것이다. 한 치 앞을 알 수 없는 인생살이 기쁨도 잠시, 슬픔이 한가득 안겨 올 줄 내 어이 알았을까.

호랑이띠 '설날 양쪽으로 초상을 치르는 건 아닌지?' 걱정하며 보낸 명절 연휴, 여유를 찾고 긴 한숨을 내쉬어 본다. 제사에 대한 트라우마를 이제는 접을 수 있을 것 같다.

"어머님! 설날이 제사가 된 큰 명절, 기쁜 마음으로 오셔서 함께 즐거워해 주시고 축복해 주세요."

아버지의 찻잔

새들의 날갯짓에 나뭇가지 흔들리는 소리가 들리는 듯하다. 비몽사몽 아침이 오는지 창밖을 보니 날이 환하다. 산수유의 노란빛 얼굴들이 남쪽 나라의 창공을 수놓고 있다. 하동의 고향 집에 피어난 산수유가 꽃을 피워 하늘 공간 몇백 평을 차지하고 있다.

감나무는 난을 친 듯 가지만 휑한데, 그 아래에는 상사화의 푸른 잎새들이 한 뼘 정도 자라 군락을 이루고 있다. 나는 지금 내가 나고 자란 곳에서 1박을 하고 아침 하늘을 바라보며 아버지 면회 갈 시간을 기다리는 중이다.

아버지가 이곳 요양병원에 오신 지 1년이 되었다. '처음엔 여기가 지옥이다.'라고 하시더니, 반년이 지나자 한 침상 간의 거리가 천 리라고 하셨다. 맑은 정신에 걷지 못하시고, 소변 줄을 계속 끼고 있어야 하는 아버지는 관장해야 변을 볼 수 있으니, 집으로 모시고 올 수도 없는 상황이다. 관장이야 하면 되겠지만 소변 줄을 빼고 집으로 올 경우, 잘못하면 세균 감염으로 패혈증이 올 수 있다니 겁이 난다.

요양병원을 가게 된 것도 급성 패혈증으로 인한 신장기능 저하로 투석을 하고 생명을 유지할 수 있었기 때문이다. 집으로 모시고 오면 안 되는 줄 알았다. 요양병원에서는 낙상 사고가 날까 봐, 재활치료를 제대로 하지 않았다. 그리고 누워만 계셨다. '이제는 다리의 근육이 빠져 영원히 걸을 수가 없다.'고 하신다. 좀 더 적극적으로 재활치료를 권유하지 못한 후회가 밀려온다.

코로나19로 인하여 가족들 면회도 안 되더니, 이제 한 달에 두 번의 면회만 가능하다. 그 한 번은 외출이 허용된다. 외출하여 함께 식사할 시간에 가족들 얼굴을 보면, 얼굴 가득 웃음꽃이 핀다. 하여 매월 빠지지 않고 먼 길을 달려왔다. 1932년생이시니 구순하고 둘이 되시는 아버지, 이제 모든 일에 의욕이 사라졌다. 책도 안 보고 글도 안 쓴단다. '앉아 있는 것도 힘들다.'며 '이제는 침상이 천국이다.'라 하신다. '잡숫고 싶은 것이 무엇이냐?'고 여쭈었더니, 해삼과 전복이라 하여 삼천포 바닷가 주변 횟집을 여기저기 검색하여 예약했다. 한 상 푸짐하게 잘 차려진 상 앞에 외손자가 업어서 의자에 앉혀 드리면 흐뭇한 웃음을 지으며 "거, 참 좋다."하신다. 잡숫는 것은 늘 소식이라 밑반찬으로 나온 해삼과 전복, 멍게를 맛있게 드시고 회 몇 점을 드시더니, "난 이제 다 먹었다."고 한다. "커피 좀 드릴까요?"했더니 고개를 흔든다. 그 좋아하시던 믹스커피를 안 드신다니 정말 세상만사 다 귀찮은가 보다. 매일 한두 잔은 괜찮다며 즐겨 마셨는데, 입에 대지도 않으시니 왠지 쓸쓸함이 밀려왔다.

아버지는 화려하고 예쁜 컵에 커피 마시기를 좋아하셨다. 커피 물 조절하기가 좋다는 핑계를 대며 "이게 내게 딱 좋다."라고 하신다. 내가 아끼는 찻잔을 눈치도 없이 사용하신다. '물건은 사용해야지 전시하려고 샀냐?'며 핀잔까지 주면서, 그 찻잔에 커피 마시기를 좋아하셨다. 아버지의 빈자리에 놓여 있는 커피잔을 보면서, 그 자리를 채우기 위해 이젠 내가 그 잔에 차를 마신다. '그래, 물 조절이 참 잘 되고 커피 맛이 좋다.'라며 스스로에게 최면을 걸어본다. 솔솔한 향이 아버지의 향기로 가득 채워지는데, 텅 빈 이 허전함은 무엇일까? 침상 하나에 삶의 전부가 매달려 있는 병원, 아버지 삶의 끝자락에 매달려 '오늘일까, 내일일까?' 사망진단을 기다리는 무의미한 삶, 하루를 살아도 의미 있게 가족의 품으로 모셔 오고 싶은 마음이 가득하다. 하지만 실행하지 못하는 딸은 매일 아버지의 찻잔에 입을 맞추며 오늘도 무사하시기를 빌지만, 용기 있는 결단을 내리지 못한다. 고향 집에서 아버지의 찻잔을 생각하며 앙증맞고 예쁜 잔에 커피 한 잔을 들고 마당으로 나온다. 시골집의 노란 산수유가 아버지의 찻잔에 들어온다.

최후의 비상금

대낮의 청정한 하늘을 봐도 밤하늘의 별빛 달빛을 봐도 마음 시린 얼굴 하나 떠올라, 목 놓아 울고 싶은 날이 있다. 쉰넷에 홀로 저세상을 간 결혼하지 않은 남동생이다. 이 세상에 와서 호사하게 살다 갔다면 아쉬움이 덜 할 텐데, 부모 사랑도 제대로 받지 못하고 젊은 나이에 저세상을 갔다. 주변 사람들로부터 착한 마음이 때로는 이용만 당하고 고된 일을 하며 한 생을 살다 간 내 동생이다. 이런 모습을 생각하면 생각만으로도 눈물이 흐른다. 경제적으로 생계에 여유가 생기자 나는 "아버지, 세상살이 살아보니, 태어나는 데는 순서가 있어도 죽는 데는 순서가 없네요. 혹 어떤 불상사가 생기더라도 최소한 생계비는 있어야 하니 현금으로 천만 원을 드릴 테니 잘 보관해 두세요."

구순의 아버지는 나와 함께 살며 하반신 마비로 워커를 끌고 다니시며 일상생활을 하신다.

그 다음날 아버지께서는 또 다른 남동생에게 '전화를 넣어라.'고 하신다. 동생에게 전화를 하니 받지 않는다. 아버지께 '왜 그러시냐?'고 했더니 '물어볼 일이 있다.'고 한다. '무슨 일이냐?'고 여쭤보았더니, 찾고 싶은 사람이 있단다. 그 사람 전화번호를 알려달라는 것이다. 그 사람을 왜 찾으

셔야 하는지 여쭈었다. 젊은 시절, 그러니까 사십 년 전에 고향에서 살 때 그 사람이 아버지 일을 많이 돌봐주고 어려운 일이 있을 때 해결사로 나서서 늘 해결해 주었다는 이야기였다. 그 사람에게 마음의 빚을 져 내가 천만 원을 주면, 그것으로 그 사람에게 인사를 하겠다는 것이다. 아니 당신의 아들들이 얼마나 힘들게 살아왔고, 현재도 얼마나 힘들게 사는지 아버지께 물어보고 싶었다. 하지만 아버지는 자식들이 어떻게 사는지 궁금해하지도 않으시고 물어도 안 보시는 분이다. 이런 뜬금없는 말씀에 내 황당한 마음은 서리 맞은 풀잎 같았다. 내 남동생들이 얼마나 힘든 일을 하며 이 세상을 살아가고 있는데, 자식의 육신에 진 옹이 같은 군살들은 생각도 안 하시고 당신의 체면치레를 위해서는 무슨 일이라도 하시겠다는 말씀이다.

동생과 통화를 하고 알아보라는 분을 알고 있는 사람을 통해서 알아보았더니, 그분은 삼 년 전에 돌아가셨다고 했다. 나는 안도의 한숨을 쉬었다. 하지만 아버지께서는 "내가 마음의 빚을 또 갚지 못했구나?"라 하신다. 어쩜 저 연세에 저렇게 청순하실 수가 있을까? 이러시는 아버지가 한편으로는 부럽기도 했다. 저 제상 간 내 동생이 폐암으로 폐를 잘라내는 수술을 하고 한 달가량 병원에 입원해 있었다. 차로 십 분이면 갈 수 있는 거리였다. 병문안을 한번 가 보셔야 하지 않겠냐고 했다. 그러자 "내 그 흉한 모습 보고 싶지 않다. 안 갈란다."하시며 퇴원하고 집에 왔을 때도 좀 어떠냐고 안부 한 번 물어보지 않으셨다. 동생이 아버지를 얼마나 많이 원망하고 미워하며 살다가, 암 요양원으로 피난을 가고 말았다. 이런 자식의 마음은 헤아리지 않으시면서 어떻게 그런 옛날, 따지고 보니 별일도 아닌 것에는 수십 년 전의 일에도 감사를 표해야 하는지 도저히 이해할 수 없는 나의 아버지시다. 이천만 원을 드릴까 고민하던 나의 마음은 얼음장처럼 일천만 원으로 고정되어 버렸다. 그런데 아버지께서는 한술 더 떠서 "삼천만 원은 주어야 내 마음이 든든할 것 같다."고 하신다. 내가 조폐공사도 아니고 한국은행도 아닌데, 말씀만 하시면 모든 것이 다 이루어지는 줄 아시는 내 아버지. 당신이 정말 부럽습니다.

천만 원을 보관하고 계시던 아버지는 손자들의 방문에 또 오백만 원씩 가져가랬다는 후일담을 올케한테 들었다. 주고 싶은 고운 마음에 향기가 쏠쏠해야 하는데, 그러다가 찬바람만 맞을까 봐 늘 염려되고 걱정스럽다. 최후의 비상금에 이끼가 끼어도 방안의 묵정밭에 숨겨 놓아야 하는데, 책상 위 검정비닐 봉투 속에서 오늘도 따끈따끈 숨 쉬고 있다.

이모의 눈물

이모! 생각만 해도 눈물이 나고, 딱히 할 말이 없으면서 마음속은 회오리바람처럼 절규하는지 알 수가 없습니다. 두 손으로 얼굴을 감싸 쥐고 슬픈 모습 보이고 싶지 않아 눈을 감습니다.

내 삶에 틀을 짜주신 롤모델인 이모님이 저 세상 가신지도 어언 10년, 그 이모님 동생인 나의 어머니가 저 세상 간지는 어언 50년이다. 이모와 어머니는 4살 차이다. 내가 12살 때 엄마가 세상을 떠났으니, 나의 막내 동생은 일곱 살, 그 위에 9살, 10살, 오빠가 21살이었다. 오빠는 우리 집과 마주 보고 있는 큰 산에다 목장을 할 생각으로 서울의 명문대 낙농학과로 진학했다. 어느 해 오빠는 시골집으로 동기생들을 데리고 왔다. 서울 사는 사람 구경을 그때 처음 한 것 같다. 서울이란 문화의 향기가 아직도 어스름하게 남아 있는 것을 보면, 경남 하동은 정말 산골짜기였다. 오빠는 어머니의 기대치에 맞추어 온갖 혜택을 받고 어렸을 때부터 도시로 나가 학교를 다녔다. 집안의 장손이라, 친척들의 관심과 기대도 만만찮았다.

어렸을 때 생각나는 외가댁은 집 뒤에 큰 냇물이 흐르는 냇가가 있었다는 것밖에 기억이 없다. 그 외가가 경상남도 문화재로 지정되어있는 산청군의 남사예담촌 최 씨 고가다.

일찍 도시로 가서 사는 이모는 얼굴 한 번 뵌 적이 없었다. 사람들이 하는 이야기 속의 이모는 어머니에게 아주 잘하는, 세상에서 보기 드문 따뜻한 언니였다. 동생의 하소연과 투정을 다 받아주고, 간암 환자가 된 엄마에게 이모는 하늘이었던 것 같다. 어머니는 이모와 외삼촌들의 간호를 받으며 서울서 투병생활을 하다가 가망 없다는 선고를 받고 시골집으로 내려왔다. 그러니 서로의 가슴에 아픈 가시 하나씩을 심어 놓고, 행여 무슨 비보가 날아들까 노심초사하며 마음 편할 날이 없었다고 한다.

어머니가 돌아가시고 일 년 뒤 찬 바람 부는 계절에 이모는 진주에 살고 있는 외사촌 언니를 앞세워 우리 집을 방문했다. 처음으로 우리들이 어머니에게 그렇게 잘했다는 이모의 존재를 확인하는 순간이었다. 어머니 산소를 가기 위해 오셨지만, 우리들을 위해 무엇인가 먹거리와 선물을 잔뜩 가져왔다는 생각이 난다. 내 기억은 여기까지인데, 7살이었던 막내동생이 생생한 그날의 기억을 풀어 놓는다.

"이모가 '엄마 산소가 어디냐?'고 해서 내가 같이 갔거든. 가까이 가니까 이모가 저기냐고 하셔서 그렇다고 했어. 그러자 이모가 막 뛰어가는 거야, 그리고는 무덤을 안고 통곡을 했어. 얼마나 울던지 외사촌 누나가 '고모 이러시면 안 됩니다.'라고 하며 말려서 겨우 내려왔어."

철의 여인 같은 우리 이모가 울었다고. 생각만 하는데, 왜 내 눈에서 눈물이 흐르지…….

'나는 10년 동안 이모랑 살면서 이모의 눈물을 한 번도 본 적이 없었는데, 너는 이모의 눈물을 보았구나. 이모의 큰딸인 나의 이종 언니가 암으로 투병하다가 세상을 뜰 때도 이모는 나에게 이렇게 물었었지.'

"경아, 언니가 어떻더노. 안 되겠제?"

그러시더니 정말 언니는 꽃다운 나이에 회갑을 앞두고 저세상으로 가버렸다. 그때 언니는 "내 회갑 때 잔치하게 소 한마리 잡아와라."고 농담도 했는데, 영원한 농담이 되어버렸다.

또 이모부가 세상을 떠날 때도 눈물 한 방울 흘리지 않으셨던 이모가 엄마 산소에서 그렇게 울었단 말이야, 그랬을 거야, 나도 폐암으로 아픈 내 동생을 잃고 보니, 그 눈물의 의미를 알겠어. 자식이 죽으면 가슴에 묻고 부모가 죽으면 땅에 묻고 형제가 죽으면 하늘의 별이 보이지 않는다고 하더니, 그 막막했던 현실을 생각만 해도 눈물이 난다. 차라리 내가 당한 고통이라면 이겨낼 수도 있지만, 바라만 보고 있어야 하는 현실의 고통이 얼마나 큰 아픔인지는 당해 보지 않은 사람은 알 수가 없을 것이다. 살아남은 자의 슬픔인 것이다.

이모님! 지금도 당신의 큰 아드님 때문에 마음 편치 않을 것이란 것을 압니다. 대한민국 사람들이 최고라고 생각하는 대학을 나오고 승승장구하던 아드님. 세계 곳곳을 다니며 활동하던 당신의 자랑스런 큰 아드님이 사업을 한다고 온 집안사람들에게 피해를 주고 아직도 힘들게 살고 있다는 사실을 알고 계시겠지요? 저의 남편도 오빠 사업을 도와 달라는 청을 뿌리치지 못하고 함께 걸어 들어갔다가 20년 동안 보증 빚으로 고생한 사실도 저세상 가서 아셨는지 모르겠습니다. 그 사실을 아시고 저를 도와주셔서 지금은 오빠보다 더 나은 삶을 살고 있는지도 모르겠습니다, 이 세상과 저세상의 경계가 얼마나 높고 험난한지는 모르겠지만, 마음속에 품고 있으면 생각만으로도 따뜻한 온기가 느껴집니다. 저는 이모님이 있어서 행복했습니다.

이모! 당신이 살아 온 삶처럼 저도 이제부터는 누군가의 아픈 눈물을 닦아 줄 수 있는 향기로운 사람이 되고 싶습니다. 그래서 작은 기부활동부터 하기로 작정했습니다. 부모 잃고 사는 아이들의 가슴에 따뜻한 물방울 하나 심어주려 합니다. 18세 프로젝트활동으로 보육원을 나오는 아이들에게 조그마한 저의 마음 방울 하나를 선물하려 준비 중입니다.

이 사실을 아시면 또 이러시겠지요.

"아이구, 그래 니가 장하다"

이모, 이모가 사신 것처럼, 따라서 흉내라도 내보려 합니다.

큰 아드님 일은 하늘이 무너져도 솟아날 구멍이 있다 하셨던 말씀처럼 이제 잊어버리시고 그 세상에서 주는 상금으로 편히 쉬소서.

바람이 부는 건 언제나 있어왔던 일이었으니, 머무르지는 않을 것입니다. 회오리바람이든 하늬바람이든 스치고 지나가듯 우리의 일생도 그렇게 갈 것이니 그때 뵙겠습니다.

지는 것이 이기는 것이다

복더위 중에서 가장 더운 중복이 지났다. 말복을 맞이하러 가는 중간쯤인 오늘도 무척 더운 날씨였다. 사소한 일상의 잔가지들이 어지러이 머릿속을 헤매고 있어서 하나하나 메모를 하여 차례대로 일을 보러 다녔다. 혼자 다니면 홀가분하게 볼 수 있는 일이지만, 구순이란 연세에 신체가 불편하신 아버지를 모시고 나가야 하는 일이라 걱정이 앞섰다. 바깥나들이를 좋아하지 않는 아버지시라 귀찮아하신다. 우체국과 은행을 다녀와야 한다. 등기우편물 못 받은 것과 저세상 간 남동생이 통장에 남긴 소액 상속 건을 해결해야 한다고 말씀을 드렸다. 아버지는 별로 가고 싶어 하지 않으셨다. 시간이 날 때 해결하지 않으면 어느 때가 될지 알 수 없기에, 나는 강행하기로 했다.

'작은 집 할머니 산소 땅을 증여해달라.'는 삼촌의 서류가 등기로 왔는데, 아버지 혼자 집에 계시다가 부재중으로 받지 못했다. 가족관계증명서와 신분증을 갖고 오든지, 아니면 본인이 직접 우체국으로 오라는 우체국 직원의 답변이다. '은행에 조금 남아있는 동생의 통장 잔액도 필요한 서류를 떼어 직접 아버지가 은행에 와야 한다.'는 것이 은행 직원의 답변이었다. 관할우체국과 은행이 진천 읍내라, 진천으로 가서 차례차례 일을 보고 초정약수터에 가서 약숫물을 받아왔다.

집에 도착해 찾아온 돈을 아버지께 드렸다. 행여 죽고 사는 일은 앞뒤가 없으니 만약의 경우를 생각하여 내가 아버지보다 먼저 죽을 수도 있을 경우의 수를 생각하여 현금으로 천만 원을 갖다 드렸다. 그랬더니 "나에게 삼천만 원만 더 줘라." 하신다. "어디다 쓰시려고요?" 하니 "그래야 내가 든든할 것 같다."고 하신다.

조합원아파트 추가 분담금을 지불하고 전세 보증금 빼 주고 돈이 없을 때는 대출로 근근이 갚아온 고초는 생각도 안 하시는 나의 아버지……. 이럴 때는 정말 힘에 부친다. 요양병원에 계실 때 병원비 감당이 어려워 다섯 아들이 있어도 부양하겠다는 자식이 없었다. 밥 세 끼 간신히 먹을 형편에 나의 집으로 모시고 왔다. 그동안 살아 온 날이 삼천 일에 가까워 오는데, 한 번도 '애쓴다, 고맙다.' 말 한마디 안 하신 분이 간혹가다가 가시 같은 말로 마음을 아프게 한다.

폐암으로 투병 중이던 결혼하지 않은 남동생이 남기고 간 집을 처분하였다. 남동생의 병원비며 생활비를 내가 넣어 주었던 보험과 동생이 낸 실비 보험으로 해결했다. 그래서 동생은 돈 걱정하지 않고 요양병원에서 생활할 수 있었다. 늘 툴툴거리고 짜증을 내던 동생도 속으론 감사한 마음이 있었는지, 고향 지인들에게 자랑했던 모양이다. 나를 본 고향 사람들은 하나같이 "아버지랑 동생 돌보느라 힘들지"하며 위로를 한다.

아버지 대에 무너져 버린 집안의 위상이 말이 아니라서, 그동안 나도 고향 가기가 부끄러웠다. 그래도 당당하게 살려고 노력하는데, 30년 넘게 고향을 가지 않으시는 아버지의 속마음은 어떨까를 생각해 본다. 1932년생으로 대학 공부도 하시고 집안의 경제력도 만석꾼의 후예고 선조들의 위상도 대단한 집안의 장남으로 태어나신 아버지. 나누기 좋아하던 아버지는 급기야 집안의 정원수도 팔고 연정이란 연못가의 별채 기와집의 목재와 기와도 팔아 생계를 이어 가셨다. 가장으로서 처자식을 위해 막노동은 한 번도 해 본 적이 없는 나의 아버지. 주변 지인들에 대한 의리는 지킬 줄 알아도, 자식들의 마음이 어떤지는 헤아려 볼 줄 모르시던 아버지.

오늘 또 이변이 생겼다. "왜 요즘 나한테 함께 밥 먹자고 안 하느냐?"하신다. "아버지는 늘 시간 맞춰 드신다고 제시간이 돼야 식사하시잖아요?" 했더니, "저녁 안 먹을란다. 복숭아 하나와 샌드위치, 과일빙수 그거 주라."고 하신다. "아버지, 이래서 함께 사는 사람은 아홉 가지를 잘하다가 하나를 못하면 전부 못하는 것이 되고, 어쩌다 보는 사람은 아홉 가지를 못해도 한번 잘하면 다 잘하는 사람이 되는 거예요."라 했더니, 못마땅한 표정을 지으신다. 오늘도 눈치껏 한다고 했는데, 아버지의 기분을 맞추기에는 아직 날갯짓이다.

일일이 간섭하고 사는 것보다 그냥 편하게 지내시는 것이 평생 습관이 되신 아버지께 오늘도 나는 지고 말았다. 소변 장애가 있어서 팬티기저귀를 사용하셔야 하는데, 아깝다고 휴지를 사용하시고, 그 휴지를 말려 또 사용하신다. 온 방안은 냄새나는 휴지가 빨랫줄에 매달린 빨래 같다. 제발 아낄 것을 아끼고 쓸 것은 쓰자고 말씀을 드려도 변하지 않으신다. 또 포기하고 산다. '지는 것이 이기는 것이다'라고 여기며 매일매일 말없이 지고 있는 마음도 복더위다.

후회 없는 마지막 선물

- 충북시조시인협회와 나

비가 억수로 내린다. 회색빛 공간을 타고 흐르는 물줄기가 좋다. 그 누구도 할 수 없는 하늘 공간을 청소하는 빗줄기다. 내가 비 오는 날을 좋아하는 이유다. 금방이라도 천지가 무너질 듯 으르렁거리다가도 언제 그랬냐는 듯이 청풍에 떠오르는 명월, 이 또한 내 마음을 잡아 놓기에 충분하다.

코로나19가 한창 기승을 부리던 2021년 제14회 청풍명월전국시조백일장이 공모전으로 공지되었다. '우리시' 문예창작 동아리반에서 공부하던 우리들에게 의무적으로 응모하라는 권유를 받고, 엄마에 대한 그리움에 빗속을 헤매던 기억을 써서 응모하고 까맣게 잊고 있었다.

그런데 내가 장원을 했다는 연락을 받았다. 순간 머릿속이 하얘졌다. 가슴속에서 빗줄기 타고 온 엄마의 목소리가 들리는 듯했다. '우리시' 선생님께서도 "현경이가 사고 크게 쳤네."라며 축하를 건넸다. 평상시에도 "제발 사고 좀 쳐라" 해서 무슨 말씀인가 했는데, 축하받고 보니 그런 뜻이었음을 알았다

남편은 "내 회갑연은 엄마랑 이모랑 외삼촌 모시고 전국을 일주일간 여행 갔다 온다."며 입버릇처럼 되뇌더니, 드디어 회갑 날이 다가오자 실행

에 옮기겠다며 동의를 구했다. 몸이 많이 불편하신 시어머니께도 남편은 6개월 전부터 재롱을 부렸다.

“엄마, 내 회갑 때까지는 살아있어야 해.”라며 희망의 끈을 붙잡게 했다.

나는 ‘이 상금 이백만 원을 어디에 쓸까?’ 고민할 것도 없이 남편 회갑 여행에 보탰다.

그 당시 나는 어린이집 교사로 일하고 있어서, 일주일을 어떤 명목으로도 휴가를 낼 수가 없었다. 서운하기도 했지만, 몸집이 우람하신 시어머니를 휠체어에 앉혀 드리고 내리고 하는 일이 내겐 힘에 부치는 일이었기에, 한편으로는 편하다는 생각도 들었다.

‘시어머니의 형제자매와 회갑여행을 계획한 남편의 생각도 참 기특하다.’는 생각이 들었다. 이런 의미 있는 일을 계획한 남편에게 행운의 여신이 미소를 지은 모양이다. 나의 두 딸들도 나의 상금만큼 각자 용돈을 아빠의 여행비용에 보탰다.

나와 남편은 기분 좋게 부산으로 출발하여 시어머님과 시이모님을 태우고 진주로 가서 시외삼촌과 합류했다. 하동 친정 감나무밭에 가서 감도 몇 자루 땄다. 빨갛게 익은 홍시를 담아 올 그릇이 없어서 땅에 버렸더니, 온통 빨간 물이 들었다. 아까워하는 내 마음은 아랑곳없이 달콤한 냄새가 진동했다. 나의 동행은 여기까지였다.

남편에게서 남해를 구경하고 여수, 목포에서 1박을 했다고 연락이 왔다. 전주에서 북상하여 남편의 고향인 속초까지 갔다가 내려오는데, 꼬박 일주일이 걸렸다.

모두 각자의 집에 모셔다드리고 집으로 돌아 온 남편은 “아이고~~. 두 번 다시는 못 하겠다.”며 무척 힘든 모습을 보였다. 그리고 그로부터 3개월 후 2022년 2월 2일 시어머님은 세상을 떠나셨다. 어머님이 떠나신 뒤 생각하니. 그때의 여행은 정말 잘한 일이었다. 시어머님께 가장 좋은 선물을 드린 것 같아 자랑스러웠다. 시어머님과 시외삼촌과 시이모님을 모시고 여행 떠날 구상을 한 남편도 대견했다.

≪충북시조≫ 28집 원고에 '충북시조시인협회와의 인연에 대하여 수필 한 편 쓰라.'고 하여 이 글을 쓰게 되었다. 앞으로도 충북시조시인협회의 좋은 분들과 함께, 한 울타리에서 글쓰기 하며 오래도록 행복한 꿈을 꾸고 싶다.

세월에 장사 없다더니

새싹이 사람들의 마음에 순하고 부드러운 손수건 한 장을 올려놓는 계절이다. 때로는 기쁨의 눈물을, 때로는 기쁨보다 더 많은 슬픔의 눈물을 닦을 수 있도록 나뭇잎 같은 손수건 한 장이 내 손바닥 위에 놓여 있다. 연둣빛 고운 4월에.

영국 시인 T.S 엘리어트는 4월을 '잔인한 달'이라 표현했지만, 가장 순수하고 경이롭고 희망찬 계절이 4월이다. 새싹의 눈으로 세상을 바라보니 어린아이의 마음처럼 생각이 자란다. 2023년 4월 6일에 89세이신 작은고모님이 손때 묻은 세간살이를 모두 정리하고 요양원으로 가셨다. 그리고 며칠 되지 않았는데, 요양병원에 계시는 92세의 아버지가 위독하셨다. 아직도 코로나19로 인하여 면회는 한 달에 두 번 허용되고 미리 예약을 해야 한다. 점점 기력이 쇠하고 살고자 하는 의욕을 보이지 않으시는 아버지는 먹는 것을 거부하셨다. 스스로 죽음의 길로 빨리 가고 싶어 하시는 것 같아 면회 간 모두의 마음이 침통했다. 침대에 실려 나오셔서 한마디 말씀도 없어 큰소리로 괜찮으시냐고 물어도 대답이 없다. 소리를 잘 듣지 못한다고 간호사가 귀띔해준다. 하지만 눈가의 촉촉한 모습을 뵈니, 내 눈물샘도 웅덩이를 만든다. 내가 대신 살아줄 수도 없는 삶이라는 것을 알면서도 아버지의 삶이 내 삶 속으로 들어온다. 코로나로 인한 감옥 같은 병원생활을 생각하면 나도 정신이 온전하지 못할 것 같다. 요즘은 집에서 모실 수 없는 상황을 맞이하면, 마음이 아파도 어쩔 수 없이 요양원이나 요양병원에 부모님을 모시게 된다. 나도 아버지의 간병생활 10년을 뒤로하고 도저히 집에서 간호할 수 없는 상황이 닥치자 요양병원으로 아버지를 모셨다. 아버지의 집이 된 요양병원에서 아버지의 삶은 어떠할까 생각하니, 마음 한구석이 불안하고 불편했다. 불안한 생각주머니 하나가 늘 나를 따라다녔다.

아산병원에서 진료받기를 소원하셔서 모시고 갔다가 아무런 진료도 받지 못하고 집으로 왔다. 이틀 동안 집에 계시다가 다시 병원으로 가셨다. "병원이 지옥이다."하시던 아버지, 병원에 있으나 집에 있으나 진료상 별 차이가 없다는 아버지의 의사를 그 어떤 자식도 받아들이지 못했다. 소변 줄을 끼고 관장을 해야만 하니, 어떻게 할 수가 없었다. 요양병원이 그래도 나을 것이라고 생각했다. 몇 달이 지나자 얼굴은 좋아 보였는데, 침상에 누워만 계셔서 걷지를 못했다. 때로는 하루를 살아도 속 편하게 사는 것이 옳은 일이 아닐까? 집으로 모셔 올까 아니면 내가 아버지가 계시는 요양병원에 요양사나 사회복지사로 근무하면서 함께 있어 볼까도 생각해 봤다. 그렇지만 모든 건 생각 속에서 번민만 할 뿐 실천하지 못했다. 이 또한 언젠가는 막심하게 후회할 날이 올 것 같다.

이런저런 고민 속에서 1년 3개월을 맞이하고 연명치료를 할 것인지에 대한 의사의 질문을 받고 난 단연코 연명치료는 하지 말자고 했다. 죽어가는 자식의 모습도 보면 마음 아플 것이라고 끝내 그 자식을 외면한 아버지, 당신의 흉한 모습도 그 누구에게 보여 주고 싶지 않아 하신 아버지. 끝내 당신의 마지막 순간도 가까이 오고 있음을 감지한 아버지. 식사를 거부하고 아사하시기를 작정하신 것 같다. 휠체어를 타고 면회를 할 때만 해도 반가움에 웃음을 얼굴 가득 채워오셨는데, 침상에 누워 면회를 하니 모든 것이 다 귀찮은 듯한 모습이었다. 가실 날이 얼마 남지 않으셨나? 이런 삶이라도 연명치료를 해야 하나? 다시 한번 더 나에게 물어도 단연코 아니었다. 고통만 남는 삶을 더 이상 연장한들 무슨 의미가 있겠는가? 마지막 잎새처럼 아버지의 생명줄이 간당간당한 상황이다. 영원히 사는 사람 없다는 것을 알고 있는 아버지. 삶과 죽음에 대해 그 누구보다 철학적 사고를 많이 하신 나의 아버지, 훨훨 날아 더 좋은 세상에 가시길 염원한다.

손수건 한 장을 손에 꼬옥 쥐고, 세월에 장사 없다고 스스로 위안하며 편한 세상 가시길 빈다.

신선 같은 모습으로

4월의 연초록 푸르름이 세상 구경에 바쁜 어느 날, 하루 종일 종종거리며 하루를 마감하고 퇴근하듯 저녁을 맞이하였다. 2023년 4월 28일 밤 10시쯤 선잠에 빠진 나를 깨우는 남편의 목소리에 정신을 차렸다. 아버지 돌아가신 것 같으니, 진주에 갈 채비하라 한다. 순간 '올 것이 왔구나. 세월 따라 살고 세월 따라가야지, 어이 하겠는가. 갈 사람 가고 보낼 사람 보내야지. 그려, 보내드려야지.' 오히려 마음은 편안해졌다.

어두운 밤길을 자동차가 쉼 없이 달렸다. 고요한 고속도로를 달리는 동안 요양원 계시는 아버지는 2023년 5월 3일 사망선고를 받으셨다. 아버지가 계시던 요양병원 장례식장에 모두 모였으니 그리로 오란다. 자정이 지나고 새날이 밝아오자 장례식장 직원도 더 이상 기다릴 수가 없었던 모양이다. 고향 집으로 바로 오라는 오빠의 전갈이다. 나는 진주에 있는 아들에게 할아버지를 모신 병원으로 오라고 전화했다. '아무리 그래도 그렇지, 임종도 못 뵌 내게 아버지 얼굴은 못 봐도 왔다 갔다는 흔적은 남기고 가야지.' 진주 근처에 도착하자 비가 보슬보슬 내리기 시작했다. '내가 울지 않으니 하늘이 나를 대신하여 울어주는구나.' 비가 내리자 쓸쓸하고 우울했던 내 마음은 외려 상쾌함으로 바뀌었다. 비를 좋아하는 내 마음을 이렇게까지 알아주는 하늘의 마음이 고마웠다.

비 내리는 으슥한 밤 몇 시간을 기다린 아들을 02시에 만나 "우리 오늘 여기서 차박할까, 어차피 곧 날 샐 건데."라고 했더니 남편이 "집에 가서 의논을 해야지."라고 한다.

"그래, 청수 집으로 가자. 영혼이 있으면 할아버지가 우리를 봤을 거야, 가자."

3시쯤 집에 도착하여 우리는 서로 멀거니 얼굴들만 바라보았다.

"아버지 참 편안하게 가셨더라. 신선같이 누워계시더라."

동생의 말을 듣고 긴장했던 내 마음이 놓였다. 신선처럼 사시고 신선처럼 가시다니, 참 다행스럽다는 생각이다. 날이 밝자 장례식장에 도착하여 안치실에 계시는 아버지를 보게 해 달라고 요청했다. 하얀 얼굴에 지그시 감은 눈, 편안한 모습이 정말 신선 같았다.

"아버지, 눈만 뜨시면 되겠네요. 눈 좀 떠보세요."

아무런 반응이 없다. '껍데기만 남겨놓고 가셨구나, 아직은 요 근처에 계시겠지요.' 병원에 계시는 동안 당신의 자존감 상하는 일이 얼마나 있었는지 알 수는 없지만, 이제부터는 그 누구도 당신의 자존감에 상처를 줄 사람이 없다는 사실이 나를 편안하게 했다. 병원에 누워 계시면 소변 줄도 끼워야 하고 관장도 해야 하는데, 그러한 행위들을 아버지는 무척 불편해하셨다. 이제 당신이 좋아하던 명상과 호연지기를 산속에 편안히 누워 신선처럼 사신다면 얼마나 행복할까 생각만으로도 행복하다.

조문 당일은 하루 종일 비가 내렸다 그쳤다를 반복하더니, 다음날 발인식이 있을 때는 화창한 봄 날씨였다. 하늘에 또 한 번 감사했다. 적당히 비를 내려 땅을 적셔서 묘지를 파는데, 먼지 한 톨 나지 않았고 산들바람까지 불었다. 포클레인이 동생 집 옆에 길을 내놓아 평소 다니던 길을 산길에 비한다면, 새 길은 고속도로를 만들어놓은 듯하였다. 50년 만에 엄마 옆에 누웠으니 어떤 감회가 있을는지. 고조모님과 증조모님 옆에서 또 얼마나 많은 사랑을 받으며 지내실는지, 화장하지 말라는 유언을 지키기 위해 바로 옆에 아들은 집을 지었다. 아버지는 평소 "화장은 나를 두 번 죽이는 일"이라며 싫어하셨다. 조망권을 위하여 대나무밭도 다 치우고 훤하게 만들어 아버지 모실 준비를 한 착한 아들이, 옆에서 평생 지키겠다니 아무런 걱정이 없다. 아버지를 산으로 보내고 이렇게 평안 할 수 있다니. 신선 같은 아버지의 모습이 살아 있으니 늘 행복할 수 있을 것 같다.

다만, 이제 불러도 대답 없는 이름 하나가 사라졌다. 아버지라는 이름 하나가 5월의 푸름 속으로 들어가 대답이 없다.

구름 속 달빛 액자

봄의 색들이 하나둘 피어나면서 산천은 알록달록 꽃들과 새싹들로 푸르름이 바람에 흩날리고 있다. 사월에 돋아난 새싹의 연둣빛 고운 광채는 갓난아기의 살결마냥 부드럽고 물고기 떼 같은 잎새들의 생기는 활력을 준다. 봄기운 충만한 2020년 사월 초파일인 4월 30일은 코로나19로 인하여 석가탄신일 행사는 전면적으로 취소되었다. 마침 윤사월이 들어 윤사월초파일인 5월 30일에 행사를 하기로 했다는 소식을 지인과 뉴스를 통해 들었다. 그날이 토요일이라 다행이라는 생각이 들었다.

올해 초파일은 4월 30일로 목요일이다. 5월 1일은 근로자의 날이라 쉬고, 토 · 일요일이 더하여 연휴가 되고 5월 5일은 어린이날이다. 월요일만 연차를 내면 6일을 쉴 수 있는 황금 공휴일이다. 올봄 내내 코로나19 바이러스에 갇힌 봄에서 꼼짝 못하고 지낸 갑갑함이 사회적 거리 두기로 성과를 거두어 국내 확진자는 한 자릿수에서 0명을 기록하고 있다. 아직은 마음을 놓을 수 없는 상황이라, 마스크 착용은 필수이다. 황금연휴로 코로나19가 재발하지 않을까 모두 걱정하며 집집마다 연휴 길을 떠난다.

지리산 아래 시골 밭에 작물을 심어볼까 하고 씨앗을 준비했다. 식구들과 고속도로를 달리는데, 차량들이 명절을 연상하게 한다. 그동안 한산하던 휴게소도 차량으로 넘치고 어디로 가는지 각자의 목적지로 향하여 달리는 차들도 신이 난 것 같다. 봄 빛깔인 연두색이 주는 기운은 강렬하다. 꽃들을 색색으로 물감들인 화사한 산천을 보면서 신선한 공기를 마신다. 미세먼지와 황사가 없어 하늘은 푸르고 공기는 맑다. 활짝 열린 봄 물결 사이를 달리는 마이카는 천리마처럼 기운을 낸다. 그 천리마에 얹힌 나의 기분은 한 마리 나비다.

작업장소에 도착하여 아들 친구들과 함께 묵정밭을 파는데, 농지 주변에 사시는 지인이 우리가 준비한 들깨 씨는 아직 심을 때가 아니라 한다. 삽, 곡괭이, 호미, 낫을 준비해 간 우리를 보고 그걸로 어떻게 밭고랑을 만들 것이냐 한다. 기계로 잠깐이면 된다 하여 다음 기회에 때맞춰 씨앗을 심기로 했다. 일은 뒤로 미루고 섬진강 화개장터로 나들이를 갔다. 은빛 물결 반짝이는 섬진강은 가뭄으로 목말랐고 모래톱만 반짝였다. 쌍계사 십 리 벚꽃도 꽃잎은 떨어지고 녹색 터널로 시원한 강바람을 안겨 주었다. 아들 친구들과 섬진강 줄기를 구경하면서 화개장터에서 점심을 맛있게 먹었다. 맑은 산천에 녹아나는 신나는 마음은 한 줄기 바람이었다. 즐거운 마음으로 옥종 시골집을 가는데, 청학동과 토지문학관을 지나오면서 방문하지 못한 아쉬움을 달래야 했다.

2,000평 넘는 집안의 뜰에 무럭무럭 자라고 있는 새싹들을 뽑으면서 식물들도 이렇게 격이 있구나. 어떤 풀은 잡초라 뽑아야 하고, 어떤 풀은 곡식이라 거름 주며 애지중지 보살핌을 받으면서 자랄까? 생각하니, 피식 웃음이 나기도 하고 서글퍼지기도 한다. 사람도 마찬가지고 애완동물들도 그렇다는 생각이 든다. 부모를 잘 만나 경제적 어려움 없이 자라는 금수저와 주인 잘 만난 애완동물도 그런 것 같다. 어떤 인연으로 만나야 하는지 하찮은 풀이 절박한 진실을 말하는 것 같아 풀을 베면서 삶을 되돌아

본다. 밭에서 못했던 일을 아들 친구들도 풀베기로 도와준다. 흐린 날씨에 바람도 불고, 풀베기로 흘러내린 짭짤한 맛의 땀이 혀끝에 와 닿는다.

대충 풀 뽑기를 하고 준비해온 식자재로 저녁을 준비하여 마당에 돗자리를 깔았다. 삼겹살과 다양한 종류의 고기를 숯불로 구워 복학생인 아들 친구들과 함께 운치 있는 저녁을 즐기는데, 한 방울 두 방울 빗방울이 떨어진다. 고기 냄새에 컹컹거리던 개들도 조용해진다. 엄마와 동생을 하늘나라에 보낸 고향 집 마당에서 문득 하늘을 쳐다본다. 초파일 지난 상현달이 먹구름 속에서 액자처럼 나타났다가 사라진다. 순간 신기한 생각이 든다. 저세상에 간 6개월 된 동생의 얼굴이 떠오른다. 이 세상에 태어나 6개월 된 아기의 모습과 무엇이 다르랴.

빗방울 떨어지는 하늘 위 먹구름 속에서 얼굴 내민 달빛을 보니, 뭔지 모를 오묘함에 마음이 푸근해진다. 어두운 하늘에서 눈을 떼지 못하고 또 무엇이 나타날까 두리번거린다. 엄마와 동생의 무덤이 있는 하늘 위의 구름 속에서 별이 반짝한다. 엄마와 동생이 '우리 여기 있다.'며 보라 하는 것 같다. 화기애애한 모습이 보기 좋아 우리와 함께 기쁨을 나누고 있다는 신호를 주기라도 하는 듯하다. 엄마 얼굴이 달빛 액자로, 동생 얼굴이 별빛 액자로 어두운 하늘에 빛난다.

가느다란 빗방울 한두 방울을 맞으며 신선한 공기와 바람으로 저녁 식사를 마쳤다. 아들 친구들도 시골 마당에서의 풍경이 감동스러운지 동네 한 바퀴를 돌고 합숙을 했다. 잠들었다 깨어보니 새벽이다. 빗방울 소리가 또닥또닥 지붕을 칠 때마다 봄씨앗 깨어나는 새싹들의 연주 소리가 들리는 듯하다. 어제 심지 못한 씨앗들이 땅속에서 비 내리는 음률에 리드미컬한 꿈을 꾸고 있다. 오늘 비 멈추고 날이 밝으면 잠자는 씨앗들을 끄집어내어 안식의 꿈을 꾸었던 땅에 심어 주리라. 밤새 내리는 봄비의 연주소리를 들으며 먹구름 속에서 나타났던 신비한 달의 모습이 클로즈업되는 달빛 액자 하나와 별빛 액자 하나를 가슴에 품은 2020년이다.

봄에 펼쳐진 고향 밤하늘이 품어 준 초파일 황금연휴의 추억, 코로나19의 갇힌 봄에 꽃피운 추억 한마당이다. 즐겁게 모여 있는 가족의 모습을 보면 저세상 사람들도 즐거운 모양이다. 화기애애한 모습은 또 다른 달빛 액자와 별빛 액자를 볼 수 있는 기쁨이 아닐는지.

사색의 공간을 사색하다

하늘을 가린 붉은 단풍나무 아래서 하늘을 올려다보며 앉은 나의 작은 화장실. 숲속의 폭포 아래 웅덩이 같다. 심상으로 그린 한 편의 동화다. 화장실 작은 창밖으로 보이는 풍경은 나무꾼과 선녀의 동화가 연상되는, 작은 행복을 꿈꾸는 현실의 공간이다. 열린 작은 창문으로 하늘을 안을 수도 있고, 단풍잎이 바람에 움직이는 춤사위도 마음 놓고 바라볼 수 있어 좋다. 내가 이전에 살았던 1층 빌라의 화장실 풍경이다. 밖에서는 전혀 상상할 수 없겠지만, 안에서 보면 밖의 세상이 너무나 아름답게 보인다. 고단한 삶에 위안을 주던 최상의 안식처요 나만의 휴식공간이었다.

성긴 벽들 사이로 바람이 지나고 지푸라기 이엉으로 엮은 판잣집 같은 옹기의 뒷간이 어릴 적 살던 동네의 화장실 풍경이다. 생뚱맞게도 옛 이야기하며 서 있던 그 뒷간 풍경이 아련히 떠오른 건 고속도로를 달리다 들른 휴게소 화장실이다. 넓은 공간에 난방도 잘 되어 있고, 잔잔한 음악이 흐르고, 벽화도 전시장처럼 아름답다. 더운물 찬물도 마음대로 나오고, 부드러운 화장지에 수도도 거울도 넉넉하고 깨끗하다. 이런 나라에 살고 있는 내가 뿌듯해지는 건 경남 하동의 정수리 고향마을, 어렸을 때의 화장실이 생각났기 때문이다.

요즘은 가는 곳마다 휴게소 화장실이라면 밥을 먹어도, 잠을 자도 될 만큼 쾌적한 공간이 되었다. 외국을 많이 다녀 본 분들도 세계 어느 나라에 견주어도 결코 뒤지지 않는 우리나라 화장실을 예찬한다.

잊을 수 없는 빌라의 1층 나의 화장실은 나만의 사색 공간이었다. 작은 창을 통하여 전해지던 풍경에는 숲의 향기와 바람의 일렁임이 있었다. 이 조용한 공간에 이름 모를 각종 새들이 멋진 연주를 연출해 주었다. 내가 살아 있음을 확인하고 전율을 느끼게 한다. 또 하루의 시작을 여명의 빛으로 깊이 호흡하고 흡수하던 공간이기도 했다.

무더위에 지친 한여름에는 하강한 선녀인 양 샤워기 물줄기로 폭포 아래 선녀가 되는 기분을 내어보고, 선풍기 바람으로 하늘하늘 날개옷을 입은 흉내도 내보았지. 오늘날 우리가 사용하고 있는 호사스러운 화장실 욕조에서 삶의 여유를 찾다 보니, 우리나라가 얼마나 좋은 나라인지 실감하게 된다. 화장실 수준이 그 나라의 삶의 질을 가늠하는 척도가 확실하다면, 우리나라는 정말 잘 사는 나라임에 틀림없다.

화장실의 변천사

화장실은 여러 개의 이름을 갖고 있다. 뒷간, 변소, 통시, 해우소, WC……, 더 옛날에는 측간으로도 불렸다. 지역마다 다른 용어가 더 있을 수도 있겠다. 내가 어렸을 때 보았던 화장실은 어디를 가나 구더기가 버글거려 그 꿈틀거리는 벌레를 밟지 않으려고 두려운 마음으로 드나들었다. 여간해서 가기 싫었던 게 변소였고, 변소에 대한 기억은 가히 공포에 가까웠다. 지금 아이들은 감히 생각도 못할 환경이었다. 그때 그 시절 일반 가정집은 큰 독을 묻어두고 나무막대기를 걸쳐놓은 뒷간이 있었다. 학교변소는 시멘트로 만들어 다리를 걸칠 만큼 네모난 구멍을 뚫어 놓았다. 그 아래를 내려다보면 마치 깜깜한 굴속 같았다. 헛소문처럼 떠도는 그 달걀귀신이 나올 것 같아, 변소에 갈 때마다 나는 소름이 돋고 늘 무서웠다.

우리 집 통시[3]는 아주 컸다. 바닥은 시멘트 바닥이었고 마루처럼 나무를 깔아 놓고 중간에 흙벽을 만들어 칸막이를 설치한 두 개의 개별 통시였다. 어린 나는 이 나무가 어긋나 통시에 빠지면 어떻게 하나, 늘상 걱정

---

3) 통시 : 화장실을 일컫는 경상도 지역의 방언

이었다. 생각만 해도 아찔한 기분이라 그럴까? 자다가도 통시에 빠지는 꿈을 꾸었으니, 가까이 가기에는 버거운 존재가 확실했다. 해우소는 사찰에 딸린 화장실로 번뇌가 사라지고 근심을 푸는 곳이라 한다. 일생을 수행하고 정진하는 스님들의 배설공간은 명칭마저도 예사롭지 않다는 걸 깨닫는다. 지금처럼 변화된 화장실을 갖기 전 해충퇴치 방법으로 오동나무잎이나 은행잎을 화장실에 넣어 두기도 한다. 잎의 강한 독성으로 해충을 죽이거나 퇴치하는 역할을 한단다. 지금도 은행잎을 양파망에 넣어 하수구에 넣어 두면 모기가 생성되지 않는다고 하여, 어느 지역에서는 그 방법으로 모기를 퇴치한다.

요즘엔 집집마다 하나 또는 두 개의 화장실을 가지고 있지만 4-50년 전만 해도 화장실은 집 밖에 있었다. 밖에 떨어져 있는 화장실을 가려면, 그것도 밤에 가야 할 때는 혼자 갈 수가 없어 잠자는 누군가를 깨워 보초를 서게 했다. 물론 나도 때때로 보초를 서 주기도 했다. 잠에 취한 눈으로 무심이 바라본 지리산 자락의 밤하늘에 무수하게 떠 있는 별무리를 보면서 잠깐의 행복을 맛보기도 했다. 그때는 별이 무척 많았다. 작은 무리들은 그냥 은하수고, 크고 반짝거리는 별들은 숫자를 헤아릴 수도 없이 많았다. 북극성, 북두칠성, 샛별(개밥바라기별)과 같은 아는 별들을 찾아보기도 했다. 여름철에는 귀신 이야기가 발목을 잡았고, 겨울철에는 추위가 잠을 깨웠다. 하지만 화장실이란 이름으로 다시 태어난 나의 작은 힐링공간은 여유와 향수를 불러다 주는 사색의 공간이 되었다.

이 시대의 주역으로 살아 온 분들은 우리의 부모님과 우리의 언니 오빠들이다. 이만큼의 풍요와 발전에 기여해 온 그분들께 새삼 경의를 표한다. 지금까지 이뤄놓은 대한민국의 발전이 그냥 이루어진 것이 아니다.

온갖 고난과 고통의 시간, 난관을 이겨낸 삶의 발자취마다 핀 눈물꽃인지도 모른다. 지난 과거를 발판 삼아 우리는 더욱 발전할 것이며 다음 세대의 반석이 되어야 하리라. 오늘도 성긴 화장실을 추억하며 새삼 세월의 변화를 감지한다. 작은 창으로 내다 본 세상은 또 다른 변신을 꿈꾸며 이 나라의 발전을 기원하는 마음을 하늘 높이 날려본다.

물 향기

- 목욕탕에서

눈꽃 송이송이 내리는 창공을 바라본다. 눈이 귀한 이 겨울에 내리 쏟아붓는 눈이 모처럼 반갑다. 눈을 맞으니 눈사람이 된 듯 허수아비 같은 몸짓으로 길을 걷는다. 눈 내리는 거리는 파란 하늘이 사라지고 눈꽃 바다에 유영하는 눈꽃송이뿐이다. 땅에 뿌리박은 채 이미 온몸을 떨구어 낸 빈 가로수와 청초함을 뽐내는 상록수가 어우러져 동네를 지키고 있을 뿐이다. 새로 생긴 혁신도시라는 이름을 달고 오늘도 시가지는 묵묵히 서 있지만 늘 무엇인가 2% 부족한 듯한 시골의 도시다. 하지만 오늘은 신이 내린 완벽한 하루 같다. 내리는 눈도 축복이라 써 붙이고 내리는 듯하다. 행복한 마음 가득 안고 물 향기를 만나러 나선 길이다.

아침에 세수하면서 '얼굴만 씻을 것이 아니라, 맑은 물에 영혼도 말끔히 씻어 낸다면 얼마나 좋을까?'를 생각하며 웃음 짓는다. 새로 형성된 도시의 새 건물 4층에 대중목욕탕이 있다. 집집마다 욕실이 있지만, 대중탕이 근처에 있다는 것은 참 행복한 일이다. 물을 좋아하는 내겐 더욱 그렇다. 평일이라 사람이 많지 않을 것 같았는데, 몇십 명은 족히 되는 듯싶다. 휴식을 취하면서 통유리로 바깥 풍경을 감상할 수 있어서 이사를 오면서 즐겨 찾게 된 곳이다. 물줄기로 안마하면 막혔던 혈이 뚫리는 듯했고, 사우나로 땀을 빼면 온몸의 독소들이 다 빠져나오는 듯했다. 물이 주는 안온함에 영혼은 안식을 찾고, 육신은 피로회복제 비타민을 먹는다. 육신이 힘들어하지 않게 여기저기 살피면서 토닥토닥 물놀이에 빠져본다. 물에서 잉태된 우리 몸은 70%가 물이란다. 물에 기생하기만 하는 나를 미워하지 않고 나에게로 스며드는 물에게 감사하는 마음으로 한참 물놀이에 빠져 있는데, 갑자기 요란스런 화재경보기 소리다. 탕 안의 모든 사람들은 당황해 어쩔 줄 모르니, 삽시간에 경보기는 심장을 때리는 망치가 되었다.

길을 가다가 소방차만 봐도 불안한 게 사람 심리다. 더구나 태초 이브의 몸뚱이가 된 목욕탕에서 미친 듯 울어대는 낯선 소음은 순식간에 평화를 앗아갔다. 심장은 사정없이 뛰고 무엇을 먼저 해야 하는지 순간 머릿속이 하얗다. 홀딱 벗고 새처럼 날아갈 수도 없는 상황이다. 유아교육 종사자로서 아이들과 한 달에 한 번 소방대피훈련을 했었고, 일 주일에 한 번은 안전교육을 해왔었는데도 실전에 맞닥뜨린 현실은 불안했다. 어지간한 일에 흔들리지 않을 만큼 나도 크고 작은 일을 겪어왔다. 어렸을 때 겪었던 집안 화재와 곰탕의 뼈가 새까맣게 타고 온 집안이 연기로 가득 찬 위기의 순간도 있었다. 하지만 제천 참사가 떠오르고, 온갖 화재 사건이 뇌리에서 오락가락한다. 밖에는 내가 좋아하는 눈이 내리는데, 조만간 펼쳐질 현실은 아찔하다. 많은 사람들이 불안해하며 웅성거리는 틈에 목욕탕직원이 비상전화를 거니, 모든 사람의 귀는 그녀의 말소리에 꽂혔다. 모두 숨죽여 한 곳만 바라보는데, 이미 그녀의 차분한 음성은 별일 아님을 말하고 있다. 오작동이라는 설명이다. 안도의 숨을 쉬고 떨어진 간을 붙이고 모두 핏기 도는 얼굴로 제자리로 돌아간다.

어떤 이는 불안해서 못 있겠다고 돌아가고 어떤 이는 마음을 진정시키고 다시 탕 속으로, 사우나실로 들어갔다. 나도 그냥 집으로 갈까 했지만,

마무리를 위해 다시 따듯한 물속에 몸을 담갔다. 사우나에 들어갔을 때 몇몇 사람은 아직도 좀 전 사건에 대해 이야기하고 있었다. 물속에 들어앉아 있는 것이 사는 길이라는 사람과 비상구로 빨리 피신해야 한다는 사람, 물을 듬뿍 묻힌 수건으로 목욕탕 틈새를 막고 구조를 기다려야 한다는 등 의견이 분분하다. 결론은 결국 진인사대천명이며, 첫째도 둘째도 언제나 안전이 최고라는 것이다. 뉴스에서나 보았던 안타까워했던 일이 막상 내 눈앞에서 일어났으니, 그 놀란 가슴이 어떠했으랴. 사고는 언제나 순식간에 일어난다. 지금 내가 숨 한 번 쉬었을 뿐인데, 지금 내 몸속에서는 수만 가지 생각이 뒤엉킨다. 말초신경이, 혈관 세포 하나하나가 일촉즉발 살아나기도 하고 찰나에 죽음을 맞기도 한다. 안도의 숨은 쉬었지만, 예방이 최선임을 다시 한번 자각한다. 우리 집 가스렌즈만 하여도 일정 수준 이상 열이 발생하면 저절로 꺼지는 장치가 되어있어 얼마나 다행인지 모른다. 냄비 한두 번 태워보지 않은 이가 없을 테니 이 얼마나 고마운 발명품인가.

예전에도 목욕탕에서 화재 사건이 있었을까, 요즘 빈번하게 발생하는 대중 사우나 화재 사건은 안전 불감증이 원인이 아닐까. 목욕탕의 변천사랄 건 없지만 7.80년대 나의 어린 시절은 명절이면 묵은 때 벗기느라 유난히 북적거렸던 동네목욕탕이다. 90년대로 들어서면서 몸에 좋다는 게르마늄에 황토 숯 사우나까지 오늘날의 남녀 공용 찜질방은 그래서 온 가족이 혹은 친구끼리 머물다 오는 코스가 되기도 한다. 동네목욕탕에서 불났다는 소리는 없어도 사우나나 찜질방에서 나는 화재가 더러 있으니, 동네목욕탕처럼 마음 놓고 목욕했던 날이 그립다. 추운 겨울 사람들의 온기가 모여 훈훈한 정으로 살아가던 그 시절처럼, '나 홀로' 인생에 익숙해져 가는 이 시대에는 마음 놓고 위로받을 수 있는 작은 공간이 필요하다. 다정한 얼굴이 기다리는 사랑방 같은 대중목욕탕, 어머니 태안 같은 공간에서 노닐던 편안함이 오늘날의 사우나에서도 오래 유지되기를 나는 간절히 바란다.

사유의 시간이 필요할 때면 나는 목마름으로 개울가를 찾는다. 물은 내게 안식이며 치유였다. 눈 내리던 날의 망중한은 당분간 목욕탕에 갈 용기를 꺾어 놓았다. 토끼 간 같은 내 마음이 아직 그때 일을 기억에서 몰아내지 못하고 있다. 하지만 어느 순간 망각의 동물이 되어 눈 내리고 바람 부는 날 또는 비가 내린다면 나는 '또 무엇이 내 안에 살고 있나?' 찾으러 노천탕을 갈 것이다. 통유리를 통해 자연을 감상하면서 맡는 물 향기를, 어머니의 따듯한 양수를 어이 잊으랴. 눈 쌓인 산천을 바라보면서 온천에 담겨 있는 나의 육신과 영혼을 위로해 주는 안식처를. 신이 내린 천연 우울증 치료제인 물과 함께 이번 겨울은 테마가 있는 온천을 찾아 어디라도 가보리라. 물 향기가 수증기로 솟아오르는 아늑한 온천탕을 꿈꾸며 내 안의 나를 찾으러 떠나보리라.

제3부

선물로 온 오늘이 있기까지

3월의 설경

공포의 코로나19 바이러스도 자연에서는 힘을 쓰지 못하나 보다. 창궐한 전염병을 외면한 봄꽃이 화사하게 피어났다. 길가의 매화가 웃으며 길손을 맞는 2021년 삼일절 연휴의 봄이다. 남녘 동네에는 매화가 피어 길손들의 겨울 눈동자에 하얀 등불을 달아 준다. 코로나19로 갇혔던 마음의 문을 활짝 열어 준다. 온화하던 날씨에 갑작스런 눈 소식은 들녘도 산등성이도 긴장하는 순간이다. 곱게 핀 얼굴 위에 얼음꽃을 피워야 하다니, 코로나19처럼 꽃샘추위가 봄꽃 위에 내려앉았다. 봄 앓이를 그냥 지나칠 수는 없겠지. 꽃샘추위의 고통을 이기지 못한다면, 싱싱한 꽃을 피우지 못할 것이라는 것을 이미 알고 있는 봄꽃들이지 않은가. 그들의 숨소리에도 비상이 걸렸다. 매화와 산수유가 눈을 뜨고, 세상 빛을 보려는데, 비 소식과 함께 밤사이 눈으로 변했다. 자연은 꽃들의 얼굴에 눈꽃을 피웠다.

3월의 설경! 봄꽃의 아픔과는 달리 그들을 바라보는 나의 눈이 행복하다. 동지섣달의 매서운 추위가 아니라서 좋다. 수도 동파의 위험이 없어서 좋다. 마음 편하게 눈을 즐길 수 있어 행복하다. 이른 아침 창밖으로 바라보는 눈꽃 동네는 지금 아니면 즐길 수 없을 것 같다. 바람 불고 해님 나오기 전에 겨울옷으로 무장하고, 따뜻한 차 한 잔 보온병에 넣어 산책길을 나섰다. 싸늘한 공기가 시원하게 얼굴을 스치고 지나간다. 나도 바람 따라 길을 지나간다. 겨울이 손 흔들며 고개를 끄떡끄떡 웃으며 휑하니 스친다. 봄이 눈꽃 속에 묻히어 두 손을 움츠리고 있다. 살며시 그들의 손을 잡아본다. 나의 손안에 잡히는 봄의 기운이 강하다. 힘들수록 강해지라고 그들을 다독이고 길을 걷는다. 나목의 앙상한 가지가 하얀 트리처럼 온몸을 장식하고 침엽수가 불어오는 바람을 맞으며 은빛 가루를 뿌린다. 끈질긴 굴참나무의 떨어지지 않은 활엽수들은 성곽의 깃발처럼 우뚝 서서 동네를 지키고 있다. 하얀 모자를 쓰고 너도나도 웃고 있다.

남쪽은 비가 오고 중부는 비가 눈이 되고, 강원도는 폭설로 눈이 30cm 쌓였단다. 60여 건의 교통사고 소식이 방송으로 생동감 있게 나온다. 7시간씩 차량에 갇혀 교통대란을 겪고 있다는 뉴스다. 우리 동네는 비가 내리더니, 밤사이 눈발이 휘날리며 동네를 온통 눈꽃으로 치장해 놓았다. 아침에 눈을 뜨니 해님이 나오지 않았다. 눈의 맑은 빛이 삶에 지친 내 마음으로 들어와 환하게 불을 켠다.

3월의 설경이 바람에 날리는 이 풍경을 내 마음에 담아야지. 밤새 바람이 불어 눈꽃이 낙화하지는 않았을까? 걱정과는 달리 기상청에서 습도를 많이 머금은 눈이 내린다는 소식이다. 무겁게 내린 눈은 그 모습 그대로 나무를 메이크업해놓았다. 나무 둥지에 쌓인 눈이 하얀 밧줄로 겨울의 흔적을 남긴다. 가느다란 나무줄기는 고드름 줄기를 매단 듯하다. 떨어지지 않고 한겨울을 지킨 낙엽들은 조각품을 만들었다. 시샘 많은 동장군의 모습을 보는 것 같아 봄기운을 빌려 웃음을 지어본다. 연산홍과 회양목 위에는 목화솜 같은 눈송이들이 송글송글 어깨동무하고 소곤거리는 듯하다. 드넓은 하늘에서는 까치 소리가 들린다. 햇살 맑은 봄눈은 사람의 마음에 따뜻함을 안겨준다.

혹한과 꽃샘추위를 이겨낸 꽃이 더욱 아름답듯이 싱싱한 봄이 그냥 오는 것은 아니다. 숱한 시련에 시달리고 견디어 내야만 따뜻한 봄을 맞을 수 있다. 계절에 절기가 있듯 사람의 삶도 고비고비 넘어야 할 고갯길이 있다. 때로는 쓰나미 같은 파도를 마주쳐야 할 때도 있다. 하지만 지금은 3월의 설경을 티 없이 맑은 마음으로 즐기고 싶은 순간이다. 해님이 떠오르고 바람 불면, 이 아름다운 경치는 사라지고 말 것이다. 추위를 걱정하지 않아도 되는 봄의 설경을 즐기면서, 겨울 걱정으로 지친 마음을 치유할 수 있는 봄이 좋다. 눈꽃을 맞으면서도 얼지 않고 버티어 준 여린 꽃들의 강한 의지를 배울 수 있는 희망의 계절이라 더 좋다. 얼음새꽃, 설중매 같은 얼음으로 세수한 이른 봄의 꽃이 좋다.

2020년 9월이 지나가는 길목

절기는 어김없이 찾아와 열대야로 힘들었던 여름이 가고 이젠 아침저녁으로 바람이 쌀쌀하다. 상쾌한 체감온도는 기분 좋은 가을임을 상기한다. 여름의 불볕더위와 장마에 지친 심신이 푸른 하늘의 티 없이 맑은 얼굴에 달려가 뽀뽀해 주고 싶을 만큼 상큼하다. 가을바람의 청량함으로 내 영혼에 살아 있는 행복을 느끼게 하고자 바람 찾아 길을 나선다.

제천의 의림지를 가려다 충주의 중앙탑공원에 들려 탄금호를 끼고 산책을 했다. 푸른 하늘에 수놓은 흰 구름의 해맑은 얼굴을 배경 삼아 사진도 찍었다. 신라 진흥왕 때 우륵이 탄금호에서 가야금을 탔다는 탄금대가 주변에 있다는 설명문도 보았다. '사랑의 불시착'이라는 드라마를 찍었다는 불시착 다리도 보았다. 밤에는 찬란한 불빛들의 축제가 펼쳐지기도 한다. 국보 6호 칠층석탑 주변에는 연등이 달려 있고, 호국불사를 알리는 플래카드가 걸려 있었다. 나는 대한민국 국민으로서 탑돌이를 해야 할 것 같은 의무감이 들어서 이유 없이 탑돌이를 했다.

집으로 돌아온 저녁에는 달님과 함께 동네 산책길을 걸었다. 구름이 살짝 가린 달님 얼굴이 손으로 이마를 가린 듯하다. 달 주변에 있는 몇 개의 별들에게 작별인사를 하고 집으로 왔다. 그래도 아쉬움이 남아 가을바람을 느끼고자 안방 베란다 창문을 열었다. 드레스룸과 화재비상구 창문을 열면 일자로 바람이 통하여 쌀쌀한 가을 기온을 바깥공기처럼 느낄 수 있어 좋다. 지나는 바람의 속도와 외부의 차들이 지나는 소리도 고스란히 나의 귀로 전해진다. 싸늘한 가을의 행복이 밀려온다. 푹신푹신한 이불 속에 얼굴만 내밀고 책을 펼친다. 풀섶에서 노래하는 귀뚜라미들의 연주가 책 속에서 오선지의 악보로 바뀐다. 무심이 고개를 들어 창밖을 보니 저녁 산책에서 작별했던 달님이 동그마니 나를 보고 있다. 가을의 푸른 밤하늘에 떠 있는 창밖의 밤 친구. 너와 함께 아직도 못다 한 말을 속삭이고 싶음인지 웃음이 퍼진다. 달빛 마냥…….

음력 팔월의 달은 유난히 친근감이 따라다닌다. 기온과 체감온도의 차이가 달의 중력에 흔들리는 그네를 매어 놓은 듯 기분 좋은 음력 팔월. 추석의 보름달은 한 달 내내 마음속에서 자라고 있다. 어제도 내일도 필요 없고, 오늘 이 순간이 절실하게 그리운 달이다. 초가지붕의 하얀 박꽃이 눈부시지 않아도, 그냥 푸른 하늘의 은은한 달빛이 좋다. 나의 삶을 반추하기라도 하는 듯, 멀리 있지만 가까이 있는 듯한 착각이 인다. 얼굴 내민 달님이 새벽까지 지나가는 길목이 나의 창밖이다. 자다가 눈을 뜨면 밤하늘 달을 찾는 버릇이 생긴 것도 추석 한가위 때다.

사방 문을 열어 놓고 자도 감기 걸릴 염려가 없다. 싸늘한 바람의 기운을 이불로 덮고 누워 있으면 '비박하는 기분이 이런 걸까? 요즘 유행하는 차박이 이런 느낌일까? 언젠가는 차박, 비박을 다 해봐야지. 그때도 달이 뜨는 날을 선택하여 경치 좋은 곳에서 하늘을 우러러보며, 구름의 유속으로 길을 가는 달님과 술래잡기 놀이도 해봐야지.' 즐거움이 함께 할 수 있는 날이 오기를 기대하며 오늘 밤도 나의 달 친구와 무언의 대화로 즐거움을 나눈다. 코로나19의 비상사태라 모든 단체 모임이 규제를 받는 시기다. 차박과 비박이 운치를 더할 수 있을 것 같아 은근히 꿈을 꾸어본다.

단출하게 나들이 살림을 꾸려 1박 2일을 물 흐르는 계곡이나 냇가에서 지낼 수 있는 비박을 희망하는 9월이다. 하지만 꿈만 꾸고 실천하지 못하는 마음이 아쉽다. 요즘은 각 지방단체에서 휴양림 펜션이나 캠핑카, 텐트로 숙박을 할 수 있게끔 시설을 잘해놓았다. 야외에서 하루를 지낼 수 있는 곳이 많다. 충주의 중앙탑공원도 훌륭한 하루의 휴식처가 될 것 같다. 밤 야경의 풍광이 유난히 예쁜 곳이다.

아쉬운 9월이 지나고 있다. 아직은 10월이라는 희망이 있으니 혹여 기다림의 세월에 소망의 꽃을 피울 수 있지 않을까.

가장 가까운 사이 1촌이란?

싱싱한 신록들이 다닥다닥 붙어서 바람의 부채질에 서로를 간질이며 웃고 있는 푸른 계절이다. 맑은 심성을 가진 자에게 주고 싶은 바람의 선물일까? 바람에 일렁이는 나뭇잎들의 춤사위는 은빛 물결이다. 바람과 가장 가까운 사이인 공기는 또 어떤가? 어떤 사람이 병원에서 공기를 돈으로 계산하여 지불하고 보니, 그동안 내가 마신 공짜 공기의 값이 얼마인지 계산하고 깜짝 놀랐다는 말이 생각난다. 공기의 값을 돈으로 계산하고 보니 공기가 얼마나 고마웠는지 모르겠더라는 이야기다. 우리는 늘 공기처럼 가까이에 있는 사람들에게 고마움을 느끼지 못하고 사는 경우가 더러 있다.

물도 마찬가지다. 물을 돈 주고 사 먹을 것이란 것을 상상도 하지 못했던 어린 시절이었다. 봉이 김선달을 웃기는 돈키호테쯤으로 여겼던 우리들이다. 그런데 지금은 곳곳에서 김선달을 만난다. 앞으로 공기도 마트에서 사야 하는 시절이 올지도 모르겠다. 이렇듯 우리 삶의 가장 가까운 곳에서 공기처럼 물처럼 가까운 관계가 1촌인 부모자식 관계다.

숲속의 나무나 야생화는 대가를 요구하지 않고 스스로 자란다. 그들에게 가치를 부여하는 건 살아 있는 사람들의 행위이다. 부모 자식 간에도 희생과 봉사만 있는 것은 아니다. 보이지 않게 무엇인가 바라는 마음이 자리하기에, 때로는 서로 실망하기도 한다. 죽을 때까지 끊을 수 없는 공기처럼, 부모 자식 간의 관계도 끊어질 수 없는 인연 줄인 것이다. 오죽하면 천연(天緣)이라 했을까.

자식은 좋은 부모를 만나고 싶고 부모는 착한 자식을 만나고 싶겠지만, 내 의지대로 선택하여 이 세상에 태어나는 것이 아니니 천연이라 말한다. 자식은 인자하고 경제적으로 넉넉한 부모를 만나고 싶을 것이고, 부모는 훌륭한 자식을 두고 싶을 것이다. 허나 자식을 선택할 수 없으니, 아쉬운 건 부모도 마찬가지다. 자식은 부모에게, 부모는 자식에게 말하지 않아도 피차간 기대심리가 작용하는 게 사실이다. 나름대로 열심히 살아도 뜻대로 일이 풀리지 않을 수 있는 것처럼 부모자식간의 인연도 그럴 수 있다고 생각한다.

그래서 자식은 딱 두 종류라고 말하며 위안을 얻기도 한다. 빚을 받으러 나온 자식과 빚을 갚으러 나온 자식이란다. 어떤 자식을 원하는지는 불을 보듯 뻔한 사실. 자식도 부모에게 요구할 권리가 있다며, 어떤 자식은 자기 허락도 안 받고 세상에 나오게 한 부모에게 평생 먹고 살 것을 부모에게 요구했다지. 그 부모 또한 어떻게 허락을 받아야 했는지 증명을 하면 그러겠노라 했다 하니, 가장 가까운 사이란 이런 것인가 싶기도 하다. 바람에 나부끼는 나뭇잎들은 누구의 허락을 받고 나왔는지 궁금하다. 저 많은 잎새를 거느린 나무의 심정은 어떠할지, 그래서 가지 많은 나무 바람 잘 날 없다고 했을까?

바람 부는 푸른 계절의 오늘, 신록 위에서 간지럼 타는 싱그러운 나뭇잎 같은 1촌의 행복을 위하여, 1촌이라는 가장 가까운 관계가 서로 행복했으면 좋겠다. 내일 일을 걱정하지 말고 오늘 행복했으면 참 좋겠다.

나의 1촌 이야기

나에겐 딸 두 명과 아들 한 명이 있다. 떡두꺼비같이 자라는 아들에게 힘들 때마다 위안 아닌 위안을 얻었다. 그의 개그에 빵 터지는 날은 힘이 났다. 그 버릇이 자라 군대를 갔다 오고 복학생이 된 지금까지 이어질 것이라고는 생각지 못했다. 집은 진천인데 대학교는 진주다. 진주는 내가 고등학교를 다닌 곳이라 꽤 떨어진 곳인데도 안심이 됐다. 거주할 원룸을 얻어 주고, 챙겨가지 못한 살림살이가 있어 새벽에 다시 아들 집을 방문하게 되었다. 이른 아침에 전화하니, 자고 있는지 전화를 받지 않는다. 직접 현관문을 두드리고 초인종을 눌렀다. 부스스한 모습으로 문을 연 아들에게

"왜 전화를 안 받아?"

"잃어버렸어요. 어제 친구들이랑 밥 먹고 노래방 갔는데, 거기 있을 것 같아요."

아침이라 가게는 문을 열지 않았을 것이라 포기하고, 우리는 하동에 있는 밭에 가서 씨앗을 심기로 했다.

혹시 모를 불안함에 노래방 함께 갔던 아들 친구에게 전화해서 알아보라 했다.

"엄마, 저 전화 없어요."

"그러네, 엄마 전화에 강훈이 전화번호 있으니 해봐."

"네에."

오전 나절 땀 뻘뻘 흘리며 밭농사 짓고, 식당에서 점심을 먹다가 문자를 보았다.

"호성이 어머님 안녕하세요. 저 호성이 친구 강훈이에요. 호성이 휴대전화는 코인노래방에서 보관 중이라고 해요."

"시끄럽다."

'뭐야? 고맙다가 아니고 누가 시끄럽다고 내가 보낸 것처럼 문자를 보냈네. 이 일을 어쩌지.'

아들을 쳐다보니 싱글벙글 웃고 있다.

"이 자식이."

아들에게 눈을 흘기며 얼른 문자를 보냈다.

"강훈아, 호성이가 장난쳤다. 찾아줘서 고마워~~^^"

"넵! 즐거운 시간 보내세용."

아직도 어렸을 때의 장난기가 남아 엉뚱한 짓을 한다. 이런 아들에게는 친구들이 많다. 호성이랑 있으면 재미있단다. 이 친구 저 친구 만나자는 친구들이 많아 공부보다 친구다. 대학 5학년이다. 그래도 행복하게 미소 짓고 사는 아들에게 그 어떤 말도 할 수가 없다.

'그래, 강태공의 세월 낚시라 생각하고, 훌륭한 친구들 낚는(사귀는) 학습이라 여기자.'

호성이의 태몽은 외할아버지가 꾸었다. 모내기 모종을 심으려는데, 황금빛 볍씨가 집안 가득 쌓여 있더란다. 나의 태몽은 밥을 지으려고 쌀통을 열었는데, 쌀통에서 토실하게 살찐 잠룡 같은 누애를 보았다. 그리고 쌀을 사러 가다가 양수가 터져 빨리 세상에 나온 이 아들에게 희망의 꿈을 꾸어 본다. 외할아버지의 태몽과 엄마의 태몽을 합쳐보면 좋은 사람으로 살아갈 것이라 믿기에.

1촌이라는 가장 가까운 관계가 서로 행복했으면 좋겠다. 내일 일을 걱정하지 말고 오늘 행복했으면 참 좋겠다.

질문 없는 이름 삼창

낯선 곳에 이사하니 모든 것이 새로웠다. 같은 지역 사람들도 새롭게 태어난 혁신도시가 낯설었을 것이다. 인구증가로 인한 윤기 나는 혜택을 서로 누리며 살 수 있는 것도 성공적인 혁신도시의 단면이다. 내가 이사 온 충북혁신도시가 그렇다. 새로운 환경에 있을 때 무엇을 해야 정신건강에 이로울까 생각하며, 주변 자연들과 교감하기를 했다. 여기저기 다니며 길도 익히고, 숨 쉬는 자연들과 벗하며 새싹 파릇한 봄볕을 즐기기도 했다. 자연과는 친해질 수는 있었으나, 사람과의 인맥은 한사람도 없었다.

무인도도 아닌 곳에서 무인도 사람처럼 살려니 무료했다. 그 틈을 이용하여 남편이 골프를 배우라며 실내연습장 티켓과 골프채를 사 왔다. 평소 운동에 별 관심도 없는 데다 골프의 금속성 소리도 써늘하게 들려 선호하지 않는 운동이었다. 어쩔 수 없이 운동을 다니다가, 갈비뼈 골절을 당하여 결국 지역병원에 입원하는 소동이 일어났다. 입원하여 검사받다 보니, 예기치 않은 곳에서 종양이 발견되었다. 종양이 크긴 하나 모양이 나쁘지는 않으니 퇴원하면 대학병원에 가서 꼭 조직검사를 하라는 의사 선생님의 조언을 받았다.

무료한 입원 기간 동안 진천군 평생학습센터를 알게 되었고 시창작 프로그램 학습에 참여하게 되었다. 일주일에 두 시간의 학습 프로그램에는 다양한 연령대 수강자들이 참여하고 있었다. 글 쓰는 사람들의 따뜻한 마음이 짙게 피어나는 곳이었다. 여기서 시조시인이신 나순옥 스승님을 뵙고 지도를 받게 되었다. 기존 문우님들은 선생님이 무섭다고 하는데, 나는 복수초의 깊은 마음을 보는 듯하여 선생님과의 대화가 즐거웠다. 눈 속에서도 꽃을 피우는 복수초는 복과 장수를 뜻한다. 눈 속에서 피는 연꽃 같다 하여 설련화라 부르기도 하며, 얼음 사이에서 피어난다 하여 얼음새꽃이라고도 불린다. 새해 들어 제일 먼저 피는 꽃이라 원일초라고도 한다. 그 꽃말의 의미처럼 영원한 행복이 깃들기를 소망하며 어리광 부리듯 어설픈 작품들을 몇 편씩 들고 가면, 쓰고 싶은 대로 써보라며 웃으면서 넘겨주셨다.

"선생님, 저는 초고는 되는데, 퇴고가 안 됩니다. 언제 철이 들지 모르겠어요."라고 하면 "철들지 마요. 이대로가 좋아요."하며 안아주신다.

말하지 않아도 선생님의 깊은 마음을 읽을 수 있었다. 시조 습작을 시작하면서 "선생님, 저 시조집 낼게요"하며 나 나름대로 열심히 시조를 창작했다.

선생님과의 인연이 일 년을 넘기고 있을 때, 종격동 종양이라는 병명을 받고 식도 뒤에 붙은 종양 제거 수술을 위하여 입원했다. 그동안 살면서 불편하지도 않았고 아프지도 않았는데, 꼭 수술해야 하는지 고민이 되었다. 하지만 진료를 본 의사 모두 빠른 시일 내에 수술해야 한다니, 그것도 서울에 있는 대형병원으로 가라 하니 고민이 천근만근이었다. 수술일정을 잡고 예정대로 대형병원에 입원했다. 입원하는 날 나를 염려하신 선생님의 문자메시지는

"현경아~~."

"정현경~~~."

"현경아~~, ㅠㅠㅠ."

이것뿐이었다. 내 이름 세 번 부른 문자를 보는데, 눈물이 볼을 타고 흐른다.

"선생님, 감사합니다. 잘 다녀오겠습니다. 이럴 땐 이렇게 생각합니다. '두려워 마라. 내가 너와 함께하리라' 아침에 눈을 뜨니 나의 오늘이 잠에서 깨어납니다. 오늘 입원 내일 수술, 생각은 붕새처럼 수만 리를 날아오르고, 이제 편안히 씩씩하게 출발합니다. 염려하고 걱정해 주셔서 감사합니다. 우리 아버지는 목에 칼을 댄다는 생각에 수술하지 말라 하시네요. 하지만 혹을 달고 걱정하는 것보다는 수술이 잘 되어 홀가분해지길 바라는 마음입니다.

'두려워 마라 내가 너를 담대히 하리라'며 여호수아에게 용기를 준 말씀처럼 저도 이 구절로 늘 힘을 얻습니다. 중원문화의 철갑 전사처럼 잘 다녀오겠습니다. 오후에 입원하고 내일 수술 일정인데 전공의 의료파업이 걱정입니다. 입원 연기하자는 연락왔는데, 수술 일정에 맞추어 일상의 스케줄을 다 변경해 놓았다 하니, 예정대로 오라 합니다. 밝은 모습으로 잘 다녀오겠습니다."

"나도 새벽에 현경이 위해 기도했어~^^. 하느님의 도우심으로 수술 잘 되고 건강회복 시켜주실 걸 믿어. 잘하고 와. 계속 기도할게~^^."

"넹~, 마음의 평정도 얻고 힘이 납니다. 엄마 같은 선생님, 고맙습니다."

"ㅠㅠㅠ."

수술 후의 진통은 가히 최악이었다. 종괴라고 하더니 혹 3개를 합치니 11cm였다. 절개한 목 부위보다 끼고 있는 콧줄과 목 안의 진통이 고통이었다. 목이 아파 말은 할 수가 없고, 정신은 돌아왔다. 걱정하는 사람들에게 메시지를 보냈다. 선생님에게도.

"선생님을 비롯한 여러 사람들의 기도 덕분에 무사히 수술하고 회복중입니다. 좀 불편하긴 하나 견딜만합니다. 좀 좋아지면 연락드리겠습니다. 늘 건강하세요."

"아~~~, 고마워라 ㅠㅠ."

살아난 제자의 메시지가 시원한 생명수 같았나 봅니다. 그래서 엄살을 좀 부렸습니다.

"오늘은 속이 메스껍고 머리 아파 힘들었는데, 이제 좀 괜찮아졌습니다. 콧줄을 끼고 있어 말도 못 하겠고, 목에 이물감이 있어 침 삼킴도 힘이 듭니다. 그렇지만 우려했던 경우의 수는 면해서 다행입니다. 식도에 구멍이 날 수 있다는 것과 목소리가 안 나올 수 있다는 것 등등 겁을 많이 줬는데, 무사한 것 같습니다. 편안한 저녁시간 보내세요. 늘 건강 잘 챙기시고요~~."

"아직은 덜 움직이고 문자 쓰고 하지 마요. 조심해요."

"넹."

그래도 걱정의 끈을 놓을 수 없었는지 다음날 문자가 왔다.

"수술에는 항상 변수가 생겨요. 몸 잘 챙기고 무리하지 말고 자꾸 눈 붙이고 쉬어요. 답장하지 말고."

정말 답장을 하지 않았다. 다음날 선생님은 또 궁금하셨는지, 단문을 보내왔다.

"잘 견디고 있지요?"

그래서 시 한 편을 써서 보냈다.

바꾸어 살아보기

사람인 내가 식물처럼 살아보길 또바기처럼
소망했더니 그렇게 살아보라 소원성취 주시네
식도 속에 구슬처럼 박힌 종양을 수술하면서
수액과 영양제만으로 식물처럼 살았네
식물처럼 살아가면 아름다울 줄 알았는데
아픔과 고통은 그들에게도 있었구나
다시는 바꾸어 살겠다 소망하지 말아야지

그러면서 이제 목소리도 나오고 물도 마시고 죽도 먹었다며 이제 살만해 졌다고 전해드렸다.

"휴~~~, 고마워요. 죽을 먹었으면 고비는 넘겼어요."하신다.

다음날 또 "현경아~~." 라는 메시지가 왔다. 또 가슴이 벅차오른다. 전화를 드렸더니 통화가 되지 않는다.

"잉? 전화했었네? 온라인 미사 드리느라 몰랐어, 현경이 한 번 불러보고서 이제 봤네. ㅠ"

"선생님, 전화기 전원이 꺼져 있다네요. 모레 퇴원합니다."

"화요일?"

"네에, 화요일 퇴원합니다. 지금 둘째 딸 예진이와 연세대 캠퍼스 산책 중입니다."

"고마워요."

산책하다 벤치에 앉아 선생님께 시 한 편을 보냈다.

흉부외과 수술실에서

아픔과 슬픔이 나누어 오면 좋을 것을
어깨동무하고 염라대왕처럼 찾아오면
내 어깨의 무게는 너무나 무거워

폐암으로 싱싱한 내 동생을 저승으로 보낸 흉부외과
그 외과에 입원하여 수술하는 내 모습
동생의 삶을 체험하듯 훑어가고 있네
'두려워마라 내가 너를 담대히 하리라'를
주문 외듯 쫄리는 심장과 떨리는 가슴을 진정하고
수술실 침대에 누워 천정을 바라보니
'두려워하지 말라, 내가 너와 함께 함이라'

세브란스 수술실 천정에 하느님의
힘이 매달려 있었다.

다음날도 선생님은 "현경아~~."만 부르고 계셨다.

낯선 곳에 이사 와서 어떻게 살아갈까 걱정하며 무인도 같은 삶이 되지 않도록 해 달라는 나의 기도가 감응을 받았는지, 진천에서 이렇게 따뜻한 사랑을 받고 살아가고 있는 나는 분명 행복한 사람임에 틀림이 없다.

김춘수 시인은 그의 시 「꽃」에서

"내가 그의 이름을 불러 주기 전에는
그는 다만 하나의 몸짓에 지나지 않았다
내가 그의 이름을 불러 주었을 때
그는 나에게로 와서 꽃이 되었다"라고 했다.

나도 선생님이 나의 이름을 불러 주었으니, 이제 꽃이 되어야겠다. 선생님의 뜻에 어긋나지 않는 꽃 같은 제자가 되어야겠다는 염원을 품어 본다. 하느님이 누구의 이름을 세 번 불렀듯이, 살아날 기(氣)를 불어넣어 주신, 늘 생화로 내 마음에 살아있는, 나의 선생님 나순옥 시조시인님! 늘 뚱딴지같이 부족한 저에게 희망을 심어 주시는 선생님의 깊은 사랑에 감사드립니다. 스승님께 늦게나마 고개 숙여 절을 올립니다.

장하다 내 동생

- 텅 빈 옛집에서

봄비가 방울방울 잎새를 적시며 물안개를 산 밑 동네까지 끌고 왔다. 하늘로 오르기만 하던 안개가 눈앞에 왔다. 눈앞에서 안개 향기를 맡다니, 옛 향취가 코끝에 찡하게 울림을 준다. 대청마루에 걸터앉아 태어나서 자란 곳을 예순이 다 된 나이에 감상하다니…….

지난 일 생각만 해도 마음이 찡하고 눈물이 흐른다. 하고 싶은 말들이 바닷속으로 잠수한다. 진실을 터놓고 이야기할 대상이 없어 산천을 앞에 놓고 옛날을 되돌아본다. 자연은 의구한데 인걸은 간 곳 없다는 옛말을 실감하게 한다. 산천은 갈수록 짙어 가는데, 따뜻한 사람의 체취는 사라졌다. 하나둘 가족을 떠나보내고, 공허한 빈 집터를 동생이 지키고 있다.

이 집터의 이삼천 평 대지는 새싹들이 자라 쑥대밭을 이루어 놓았다. 어린 시절 잡풀 하나 없이 정돈된 집안에 온갖 화초들이 화사하게 웃으며 시끌벅적하던 모양은 어디를 둘러봐도 없다. 아버지의 무관심으로 활기찬 집터는 황폐화되었고, 온갖 새들이 날아들며 어쩌다가 오는 인기척에 상큼한 노래로 인사를 한다. 경매로 넘어갈 뻔 한 집터를 내 동생이 낙찰받아 명맥을 유지하고 있는 것이 지금의 현실이다. 이 숨 막히는 과정을 지켜보면서, 그 옛날의 아름드리 크고 아름다웠던 동백나무가 보고 싶다.

청단풍, 홍단풍, 작약과 목단, 노란 장미와 무궁화 그리고 자주색 목련도 그립다. 또 있지, 죽단화와 골담초, 상사화, 겹벚꽃, 옥매화, 앵두, 매화, 모과 등등 이들이 집안을 환하게 했다. 굽은 소나무가 선산 지킨다고, 잘 생기고 멋진 나무들은 도시의 부유한 가정에 정원수로 팔려나갔다. 못난 산수유가 잔가지를 키워 한자리 차지하고 있다. 이제 와서 보니, 나와 함께한 세월만 60년이다. 나 어렸을 때도 우람했는데 그럼 너의 나이는 몇 살이나 되었을까. 백 년 넘은 감나무 옆에서 아기처럼 자랐으니, 까칠하게 생겼어도 귀염받은 세월이었지. 그 그늘 아래 평상에 앉아 잠시 내 영혼을 내려놓고 쉬어보기로 했다.

농촌에서는 해가 떠오르기 전, 이른 새벽에 일을 한다. 날씨가 흐려 일하기 딱 좋은 조건이다. 내가 친정집에서 아침 일찍 일어날 수 있는 것은 시골집에 대한 애착과 향수 때문일까? 새벽같이 일어나 낫을 들고 풀베기를 했다. 풀을 뽑고 힘든 노동을 하면서 운동이다 생각하며 열심히 풀을 뽑는다. 땀이 배시시 배어 나와 눈으로 흘러든다. 눈까풀의 밀어내는 힘을 이기지 못하고 짠맛이 눈을 감게 한다. 얼굴의 땀들이 말랐다 흐르기를 반복한다. 내 몸의 독소를 운동하며 뺀다는 생각으로 지칠 줄 모르고 어린 풀들을 손으로 뽑았다. 이 잡초들은 키우지 않아도 이렇게 싱싱하게 잘 자라는데, 왜 대접을 받지 못하고 제거 대상이 되는 걸까. 곡식들의 틈을 비집고 자기 집을 짓는다고 생명이 뿌리째 잘리고 뽑혀야 하다니. 내가 식물학이나 의학을 전공했다면, 잘 자라는 잡초를 이용하여 우리에게 유익한 식물로 키워 생명의 찬란한 결실을 보게 할 수도 있었을 텐데 하는 아쉬움이 남는다. 그렇다고 잡초를 그냥 두면, 뿌리가 깊어져 뽑기가 힘들어질 테고.

지칠 줄 모르고 일을 했더니, 현기증이 난다. 모든 잡초를 다 제거하고 싶었지만, 휘청거리는 다리를 끌고 세수를 한다. 땀이 굳어 하얗게 소금기 밴 얼굴을 찬물로 씻어내고 열을 식혔다. 그러자 이름 모를 새들의 연주와 향긋한 꽃바람이 생기를 준다. 식구들은 단잠에 빠져 일어날 생각을 않는다.

식구들을 깨우고 아침상을 내밀었다. 밥상 앞에서 "내가 아침 일찍 일어나 풀을 얼마나 열심히 베었는지 한번 봐."라고 했더니, 쓸데없는 짓을 했다고 외려 통박을 준다. '금방 자라는 풀을 어떻게 감당하냐?'며 '예초기로 하면 될 걸 왜 낫질을 힘들게 하냐?'고 핀잔만 받았다. '그럼 일찍 좀 해놓을 일이지'라며 난 혼잣말을 삼켰다.

산수유나무 밑에 세워 둔 차의 문을 열고 편안히 누워있는데, 잘생긴 동생이 한마디 한다. "이 산수유나무를 이천만 원에 팔라는 사람이 있어서 형수한테 이야기했다. 그랬더니 삼천만 원 준다고 '팔아라' 해도 안 팔았는데, 이천만 원에 팔겠냐면서 형이 그런 소리하면 싫어하니까 아예 말하지 말라."고 하더란다.

그 말을 듣는 순간 '참 장하구나, 내 동생.'하는 생각에 목이 메었다. 아버지가 팔아 버린 숱한 집안의 수목이며 산이며 땅이며, 우리 집을 떠난 재산들이 얼마나 서글펐을까. 동생도 나와 같은 감정을 지니고 있었나 보다. 조상이 물려준 유산을 잘 관리하고 간수해야 할 자손이 노동의 댓가를 치르지 아니하고, 손쉽게 팔아 생계수단으로 대체하고 살았으니, 아버지에 대한 말할 수 없는 아쉬운 감정이 자식들의 마음에 자리를 잡고 있었나 보다.

조상의 훈기를 간직하고픈 마음이 동생에게도 알게 모르게 자라고 있어나 보다. 이천만 원에 팔아서 다른 나무로 더 좋은 정원을 만들 수도 있었을 텐데, 나무도 생명이 있어 죽을 수도 있을 텐데. 왜 그런 생각을 안 해 보았겠는가. 하지만 이 모든 유혹을 떨칠 수 있는 건 조상에 대한 최소한의 예의다. 선조가 후손을 생각해 심은 나무 한 그루에 대한 섬김의 자세로 일관하겠다는 의지가 대견스러울 뿐이다. 동생 또한 후손들이 유익한 삶을 살도록 터전을 마련해 줘야 하지 않겠는가.

'옛날 우리 집에는 이런 꽃과 나무들이 있었지.'하며 설악산의 단풍을 보고도 '우리 집에 있던 단풍만큼 큰 나무는 없어'. 선운사의 동백을 보고도 '우리 집에 있던 동백만큼 멋지고 큰 나무는 못 봤어.' 하며 늘 허전한 마음이 한자리 차지하고 있었다. 지금 내가 살고 있는 아파트 단지에 심겨져 있는 멋진 화초들을 보면 옛집에 있던 꽃들이 다시 나를 찾아온 기분이다.

아파트 입주 첫해 봄에 핀 죽단화를 보고 깜짝 놀라 살펴보니, 황매화라는 팻말이 붙어있다. 황매화를 우리는 죽단화라 불렀다. 한데 자세히 보니 죽단화와 약간의 차이가 있었다. 진달래와 더불어 화전을 해 먹던 꽃이다. 밥풀 꽃이라 불렀던 박태기꽃, 작약, 장미, 무궁화가 낯선 진천에 와서 마음 붙이고 살게 했다. 그것은 어린 시절 내 집에 있었던 꽃들을 다시 보는 듯 그들이 내게 안식을 주었기 때문이다.

옛 향기에 취하여 행복하지만, 옛집에서 팔려나간 나무들이 보고 싶다. 내 마음 깊은 곳에서 그 나무의 종들을 보면 지금쯤 꽃을 피웠을까 하는 궁금증이 생긴다. 그 나무들도 살았던 옛 토양이 그리울까. 어린 시절 보고 자란 화초들이 삼천리강산 어디를 가더라도 곳곳에서 나를 반기는 듯하다. 연못 옆에 있던 겹벚꽃의 아름답던 모습도 그립다. 그 겹벚꽃은 경상대학교 앞에 있는 겹벚꽃의 모종이다. 접을 붙인다고 너무 많이 잘라가 나무가 죽었단다. 그런데 고향 집에 오니, 정작 그 꽃들이 보이지 않는다. 미안하고 보고 싶다. 그나마 아직도 몇 그루가 집을 지키고 있어, 마음이 허할 땐 다녀가고 싶은 고향 집이다. 경매를 당하여 남의 손에 넘어갈 뻔한 집터를 부여잡고 있는 동생에게 고마운 마음 그지없다. 돌멩이 하나 풀 한 포기, 나무 한 그루라도 지키려고 애쓰는 동생의 마음이 오늘도 둥근 해처럼 떠올라 든든하다. 하늘은 스스로 노력하는 자를 돕는다 하지 않던가.

장하다. 내 동생 정연웅!

2020년 따뜻한 겨울

소한과 대한 추위가 나들이를 갔는지 흔적도 없다. 비 내리는 따뜻한 날씨에 잠만 자던 겨울눈의 망중한을 두드린 건 입춘이었다. 눈을 뜰까 말까 하는데, 눈보라 휘몰아치며 광풍에 잠 못 들게 창공을 흔든 건 꽃샘 추위였다. 한겨울의 추위에 꽁꽁 얼었던 겨울에 대한 공포가 올해도 올 것이다. 얼마만큼의 추위를 견뎌야 할까 생각하며 2020년 새해를 맞았다. 집 주변의 화초들도 푸른빛을 간직한 채 견딜만하다는 표정으로 겨울을 나고 있었다.

그런데 이번 겨울은 90년 만에 맞는 따뜻한 겨울이란다. 90년을 살아 본 사람이라면 누구나가 다 처음이라고 말할 수 있다. 아니 100세까지는 처음이라고 말할 수 있는 따뜻한 겨울이었다. 대한이 소한이 집에 놀러 왔다가 울고 간다는 소한에 겨울비라니, '이래도 되는 겨울인가?'하면서 일생에 한 번 맞을 수 있는 따뜻한 겨울을 즐기고 있었다. 그런데 입춘에 웬 날벼락인가. 중국발 우한 폐렴에 전세계가 꽁꽁 얼어붙었다. 우리나라도 예외는 아니어서 확진 환자가 나왔다. 전염성이란 무서운 깃발을 펄럭이며 맹위를 떨치는 코로나바이러스와 면역력이 한판 싸움을 한다. 꽃샘 추위와 함께 공포의 마스크맨이 출현했다.

내가 살고 있는 충북 진천군에 중국 우한 동포가 1차로 국가공무원 연수원에 2주간 격리 조치되어 진료를 받기 시작했다. 겉으로 말하지 아니한 나의 속마음은 '우리는 괜찮을까?'하는 스스로에 대한 의구심이었다. 바깥 출입 시 착용하라고 마스크를 무료로 세대당 10매씩 몇 차에 걸쳐 지급하고 손 세정제도 주었다. 엘리베이터 안에도 손 세정제를 매달아 놓았다. 공기로 전염되지 않는다니 얼마나 다행인가 스스로 위안하며 따뜻한 햇살을 맞으며 산책도 했다. 긴 호흡도 해보고 아무도 없는 둘레길을 걸으면서 '이번 겨울은 참 따뜻하다. 모든 사람의 마음이 이와 같았으면 좋겠다.'하며 고개를 젖혀 하늘을 보니 햇살은 눈부시기만 하다. 아무런 근심 걱정이 없는 맑은 하늘이다. 우한의 동포들도 한 명의 발병자 없이 무사히 귀가했다.

진정되는가 했던 코로나바이러스의 활동은 어느 교회의 집단행사에서 전파되기 시작하더니, 걷잡을 수 없을 만큼 세력을 확장하여 이제는 확진자가 오천 명을 넘었다. 중국 다음으로 우리나라가 확진자 수 1위를 차지한 것이다. 이제는 전파 경로를 알 수 없는 지경에 이른 것이다. 마스크를 살 수 없어 발을 동동 구르는 현실에 몇 배의 가격을 주고 사야 하는데도 상품이 없어 살 수가 없단다. 무료로 받은 마스크가 별로 사용할 일이 없어 그대로 있는 우리 집 마스크를 보니 어린아이와 노약자가 있는 집에 보내 주고 싶은 마음이 생겼다. 아이가 있는 지인 집에 전화하여 상황을 알아봤더니 '5매를 구해 놓았다.'고 하고 또 어떤 집에서는 '50매를 평상시 가격의 4배에 구입했다.'고도 한다. 정부에서는 방한용 천으로 된 마스크도 안 되고 재활용도 안 된단다. 한 번 쓰고 버리라고 홍보를 하더니, 이런 대란이 오니 이제는 의료종사자와 확진자 외에는 천으로 된 마스크도 괜찮단다. 통풍이 잘되는 곳에 보관해 두었다가 본인 것은 깨끗이 씻어서 쓰면 재활용도 된다고 한다.

세상이 이러니 서로 손을 잡을 수도 없고, 가까이 옷깃이 스치는 것도 의심스러워 서로가 서로를 멀리하게 된다. 학교는 휴학하고 길거리는 한산하고 상가는 손님이 없다. 여행은 전멸하고, 어지간하면 집에서 나오지 않는 것이 최선이 된 것이다. 내가 언제 피해를 당할지도 모르고 또 내가 어떻게 피해를 줄지도 모르는 상황에 처한 것이다. 서로가 조심하지 않으면 서로에게 미안한 일이 생기게 되는 것이다. 그러니 스스로 면역력을 기르는 수밖에 없다. 예방수칙을 잘 지키고 몸을 따뜻하게 하는 음식을 먹고, 체력을 길러 건강체를 만들어야 한다. 설령 바이러스가 침범하더라도 스스로 싸워 이겨내야 한다.

온 나라에 산불같이 타고 있는 코로나바이러스의 불길을 잡기 위해 고군분투하는 의료종사자들의 이야기는 눈시울을 적시게 한다. 졸업식을 3일 앞당긴 국군간호사관학교 졸업생들은 곧바로 군복으로 갈아입고 짐을 챙겼다. 특별관리지역으로 지정된 대구 · 경북지역의 대구 국군병원으로 향한 그들의 모습은 결연해 보였다. 보는 이도 콧등이 시큰거렸다. 성금의 물결도 기업체, 연예인, 개인 등 다양하게 접수되었고, 어떤 기초수급자는 보험을 해지하여 성금에 보탰다.

해님과 바람의 동화가 떠오른다. 바람보다는 햇살이 더 훈훈하듯이, 어려움이 밀려오면 올수록, 우리들은 손에 손을 잡고 오르는 담쟁이 넝쿨같이 코로나바이러스와의 전쟁에서 승리하리라 믿는다. 경칩에 나온다는 개구리 울음소리는 벌써 우수(2월 19일)에 들렸고, 경칩인 오늘(3월 5일) 바이러스 확진자 수가 줄고 있단다. 변곡점을 찍는 거 아니냐며 조심스럽게 희망을 점치게 한다. 2020년 따뜻한 겨울을 맞이하여 좋아하다가 당한 이 난리를 이제 한시름 놓고, 진정 아름다운 이 봄을 사람들과 함께 즐길 수는 없을까?

땀 빼는 산업현장

봄, 여름, 가을, 겨울. 세월은 병들지 않고 해 뜨고 지기를 무한 반복한다. 봄을 보내고 남긴 흔적들로 시름시름 앓고 있을 때, 황금빛 금계국과 망초꽃이 기운 내라고 긴 목울대를 하늘거리며 여기저기 산하에 꽃꽂이를 해놓았다. 붉은 얼굴 더욱 붉게 불타던 넝쿨장미도 꽃잎 떨구고 누운 칠월.

가만히 앉아있어도 더운 중복을 며칠 앞두고 평상시 알고 지내던 지인이 갑자기 큰 계약이 성사되어 일손이 필요하다며 지원요청을 해 왔다. 진천으로 이사온 지 얼마 되지 않았을 때, 살갑게 다가와 인사를 하며 지내던 이웃이다. 그때도 한여름 더위가 기승을 부릴 때였다. 섀시 공장 일이 바쁘다며 알바를 부탁해 심심풀이로 갔다가 땀을 비 오듯 흘리며 일한 기억이 있어서 '이번 여름도 쉽지는 않겠구나.'생각하며 그러겠노라 했다. '왜 꼭 일이 더운 여름이나 추운 겨울에 많으냐?'고 물었더니, 학교가 방학 중에 보수공사를 해서라고 한다. 지금 방학 중인 아들의 일손도 도움이 될 거 같아 아들도 불러오기로 했다. 학교 근처 숙소에서 일주일에 몇 번 나가는 헬스장 알바를 하고 있는 아들에게 제의했더니, 집으로 오겠단다. 아직 공사현장에서 일해 본 경험이 없는 아이라, 속으로 은근히 걱정되었다.

세 아이들이 어렸을 때 연대 빚보증으로 경제적 어려움을 한창 겪고 있었다. 틈만 나면 부업으로 일한 경험 덕분에 일을 어떻게 처리해야 하는지 요령을 익히게 되었다. 일에도 기술이 있고 공부에도 기술이 있다는 것을 인생 절반을 살고 나서야 알게 되었다. 아쉽긴 하지만, 그래도 삶의 지혜를 터득한 것이 스스로 대견스러웠다. 살아보니, 삶이 뜻대로 되는 것은 별로 없었다. 다만 내가 할 수 있는 데까지 혼신의 힘으로 살아 봐야겠다는 의지와 실천은 있어야 할 것 같았다. 인생에 각자 희망의 등불을 켜기 위해서는 무엇인가 보람된 일에 뛰어들어 봐야 한다. 대학생이라는 꼬리표를 달고 느슨하게 살아가는 아들을 향해 산업현장에서 땀 빼는 일이 어떤 것인지 꼭 경험하게 하고 싶었다. 아침 8시부터 6시까지 일을 해야 한다니 근로시간 초과인데 과연 해낼 수 있을까? 일을 하기도 전에 걱정부터 했다.

아들도 평생 처음 해 보는 공장일이라 걱정되었는지, 밤새 잠을 못 잤단다. 5시 30분에 "엄마, 일어나요. 7시야."라고 뻥을 친다. 그리고는 아침도 먹지 않겠다며 이른 시간 공장으로 향했다.

몇 년 전 포천 살 때 문구를 생산하는 공장에서 며칠 일을 했다. 부품들이 조립되면서 새로운 물건들이 만들어지는 과정이 경이롭고 신기했다. 거기서 일하는 사람들이 움직이는 로봇 같았다. 조를 만들어 일을 하니 화장실 갈 시간조차 눈치를 살펴야 했다. 그 모습을 보고 사람인지 기계인지 분간이 되지 않을 정도였다.

새시 공장은 개별적으로 일을 해 그렇게까지 힘들지는 않았지만, 새시틀을 사이즈 별로 자르고 고무 바킹과 털을 끼우고 조립하는 과정을 거치다 보면 여기저기 피부에 상처가 나 있다. 일할 땐 몰랐는데, 뾰쪽한 새시틀에 긁힌 자국들이다. 새시틀이 만들어지는 과정을 보고 함께 일해 보니, 산업현장에서 이렇게 땀 흘리며 살아가는 사람들이 있어 우리가 풍요로운 삶을 산다는 걸 알게 되었다. 머리에서 내리는 땀방울은 얼굴을 타고 눈으로 들어가고, 하루 종일 서서 일을 하니, 발은 아프고 힘들었다. 하지만 묵묵히 할 일을 잘 해내고 있는 아들을 보니, 괜한 걱정을 했다는 것을 알았다. 차분히 꼼꼼히 정확히 잘하고 있었다. 속도는 빠르지 않았지만, 첫날의 노동치고는 훌륭했다.

이번 여름방학이 아들에게 새로운 삶의 지표를 만들어 주는 계기가 되었으면 좋겠다는 생각을 해 본다. 여태까지 힘든 일이 무엇인지 모르고 살아온 삶이라면, 이제부터는 산업현장에서 일하는 사람들의 고충이 어떤 것인지 알았으면 좋겠다. 어떻게 사는 것이 자신의 삶에 보람을 가져 오는 일인지 느꼈으면 좋겠다. 흘린 땀이 얼마나 소중하고 귀한지 가치로 평가할 수 없다는 것을 깨달았으면 좋겠다. 새로운 삶을 살아보는 것도 서로의 삶을 공유하는 인생에서 중요한 방향지침이 되리라 생각한다.

밑바탕이 튼튼한 나라는 일하는 국민의 정직과 성실이 대들보처럼 버티고 있을 때 가능하다. 부동산 가격의 폭등과 주식, 코인으로 목을 매고, 게임으로 가상과 현실의 구분이 멍해지는 삶으로 젊은이들이 롤러코스터를 타지 않았으면 한다. 산업현장에서 땀을 흘려보고 노동의 가치를 체험해 보길 권한다.

화이트칼라보다 블루칼라가 더 대접받는 건강한 사회가 되길 희망한다. 오늘도 생산현장에서 열심히 일하는 대한민국의 모든 노동자들에게 응원을 보낸다.

종격동 종양을 수술하고

마음을 가다듬고 한숨을 쉬어 본다. 비는 내리고 고속버스는 서울을 향해 달리는데, 마음은 초조하다. 신록은 코로나19와 아무런 상관관계가 없으니, 푸를 대로 푸르러 더욱더 청아하게 빛나고 있다. 긴 숨을 내쉬어본다. 나뭇잎들이 바람에 흔들린다. 이렇게 힘내고 사는 거라고 더욱더 세차게 손을 흔든다.

병원으로부터 '종격동 종양'이라는 생소한 병명을 받고 인터넷 검색을 했다. '종격동 종양이란 폐장, 심장, 대동맥, 식도 등 우리 몸에서 생존과 관계되는 거의 모든 장기들이 모여 있는 부위이며 생명과 관련된 매우 중요한 부위로, 이곳에 발생하는 종양과 낭종을 종격동 종양이라고 한다.' 식도 뒤에 종양이 생겨 위내시경을 할 때 보이지 않았던 것이다. 아무런 자각증상을 느끼지 못했다.

신촌 연세대 세브란스병원으로 가고 있다. 비로 인하여 예정 시간보다 늦게 도착할 것 같아 마음이 초조한데, 병원 측에서 전화가 왔다. 나는 교통 사정이 원활하지 못하다며 사정을 이야기했다. 그러면서 오전 진료가 어려우면 오후로 진료의 연기를 부탁했다. 담당 의사 선생님의 진료는 오전뿐이란다. 지방에서 올라가고 있는 사정을 이야기했더니, 배려해주어

점심시간 후 진료가 허락되었다. 정말 감사했다. 전화로 종격동 종양 진료를 예약하고 나서 의사 선생님과 첫 대면이었다. 그동안 다녔던 병원들의 기록과 영상자료를 보고 "이 정도면 자각증상이 상당히 있었을 텐데……."라 하며 여운을 남긴다. 두려움이 엄습한다. 몇 가지 더 검사를 해야 한단다. 무거운 마음을 안고 다음 진료 일정을 예약했다.

갈비뼈 골절로 인하여 검사를 하다 보니, 예기치 않은 곳에 종양이 있다는 사실을 알게 되었다. 왼쪽 목에 4~5cm의 혹과 양쪽 목에 몇 개의 갑상선 혹이 있는데, 한쪽은 석회화가 되어있단다. 대학병원에 가서 꼭 검사받아야 한단다. 검사 결과 왼쪽은 식도게실이 의심된다고 하고 오른쪽은 갑상선 종양 몇 개와 석회화된 부위가 있는데, 악성은 아니라 한다. 그래서 그냥 정기검사만 하면 되는 줄 알았다. 1년이 지난 후 왼쪽 목에 있는 혹이 메추리알만하게 손에 잡히는 것이었다. 이상한 기분에 늘 다니던 동네 병원을 갔더니, 친절한 의사 선생님께서 일장 훈계를 했다.

"제가 볼 땐 이게 식도게실이 아니라, 종괴입니다. 그 대학병원 이상하네. 다시 한번 더 소견서를 써 줄 테니, 다시 검사해 보세요. 내시경 검사 결과를 보니, 게실이 맞긴 한데 좀 이상하네요. 초음파에서 혈관이 보이는데, 왜 식도게실인지 모르겠어요. 이건 분명 종괴 같은데, 만약 종괴라면 어지간한 대학병원은 안 되고요. 서울에 있는 빅 5급 병원으로 가세요. 아무 데서나 수술하면 절대 안 됩니다."

일 년 동안 식도게실이려니 하고 있다가 다시 그 대학병원에 가서 검사하다가 담당 의사 선생님한테 야단만 맞았다.

"식도게실이 의심되니 검사를 해봐야 한다는 기록이 있는데, 왜 결과 보러 오지 않았냐?"고 한다. 딸이 그 병원에 근무하고 있어 "결과가 게실이라며 약도 없고, 염증이 생기고 아프면 수술해야 돼."하길래 "그래."하고 그냥 지낸 것이 일 년이 되었다.

2020년은 봄부터 코로나19로 전 세계가 공포에 싸여 모든 외출이 자유롭지 못했다. 여행사와 항공사는 가장 큰 타격을 받았고 소상공인 점포마다 손님의 발길은 뜸했다. 그런 와중에 의료파업까지 겹쳐 8월 26일로 예약되었던 수술 날짜를 한 달 미루자는 병원의 연락을 받았다. 하필이면 입원하는 그날이 전국적으로 의료파업이 시작되는 날인 것이다. 한 달 후면 추석이다. 추석 전에 가정주부가 어떻게 입원하겠냐고 했더니, 의논해보고 연락을 주겠다더니 예정대로 입원하란다.

수술 하루 전 금식을 하고 수술 방법과 부작용에 대해서 설명하는데, 목 부위를 절개해야 한단다. 혹을 제거하는데 95% 성공률과 5%의 부작용이 있을 수 있다. 이 경우 식도에 구멍이 뚫릴 수도 있고, 목소리가 안 나올 수도 있고, 신경세포가 잘못되면 전신 마비가 올 수도 있단다. 모두 끔찍한 안내뿐이다. 가장 걱정되는 게 목소리가 안 나오면 어떻게 하나 하는 걱정과 식도에 구멍이 뚫리면 어떻게 되지, 거기다가 몸에 마비가 올 수도 있다고 한다. 모든 것이 생각만 해도 공포와 두려움이다.

'시낭송을 전문적으로 배워볼까 하는데, 목소리가 안 나오면 어떻게 하지.'

겉으로는 아무렇지도 않은 척하는데, 마음은 천근만근 무겁기만 했다. '두려워 마라 내가 너와 함께 하리라' 성경 구절을 주문외듯 마음 가득 집어넣고, 스스로를 위안하기로 했다.

수술실에 갔더니, 간호사로 근무하고 있는 사위의 후배가 걱정 말라며 위로해 준다. 푸른 가운을 입은 나와 인증샷도 하자며 사진도 한 장 찍었다. 그리고 수술실 천정을 보니 "두려워 마라, 내가 너와 함께함이라"라는 성경 구절이 쓰여 있다. 내 마음속 소망과 일치하는 응답에 놀랐다. 참으로 신기한 일이었다.

깨어나 보니, 입원실이고 온통 링거 줄들이 주렁주렁 매달려 있다. 의료파업으로 인하여 이날 두 사람의 환자만 수술했고, 입원실도 텅텅 비었다. 절개한 목이 아픈 것이 아니라, 콧줄을 끼고 있는 목 안이 얼마나 얼얼하고 아픈지 절개한 피부는 통증을 느끼지 못했다. 고통의 나날이었다. 이런 상황에 병동 전체 환자들이 새벽에 집단으로 새벽에 이동해 의무적으로 엑스레이실 검사를 했다. 무슨 환자 수용소 같은 느낌이 들어 아픈 와중에도 웃음이 나왔다. 환자들마다 특성이 다 보였다. 나보다 더한 환자를 보았을 때는 위안이 되기도 했지만, 폐암으로 죽은 동생 생각에 마음이 더 아팠다. 동생이 치료받았던 흉부외과라는 사실만으로도 동질감이 생기고, 동생의 고통이 어떠했을까를 가늠하게 했다. 흉부외과 진료가 나를 더 압박했다. 암 환자도 3~4일이면 퇴원시키는 병원인데, 일주일을 입원해야 한단다. 간호사의 설명에 따르면 식도 수술은 대개 중환자실로 가는데, 일반실로 온 것도 다행이라고 한다. 동생도 아무것도 아니라는 색전술을 시술하고 집중치료실에 있다가, 생각지도 않게 저 세상으로 가버린 지 일 년만이다.

종양 수술 결과는 2주일 후 나온다며 외래 진료 시 알려 주겠다고 했다. 과연 괜찮을까?

골절 입원 시 오진했던 그 병원 의사 선생님은 '모양은 나쁘지 않으니 크게 걱정하지 말라.'했다. 스스로 위안은 하지만 편안하지 않은 마음으로 검사 결과를 기다렸다. 다행히 악성은 아니었다. 이제 병원에 안 와도 된다는 담당 의사의 말씀이 생수처럼 시원하게 들렸다. 그동안 엄청난 고통과 불안에 떨었지만, 이제 안도할 수 있어 다행이었다. 5%의 부작용이 500% 무게의 공포로 나를 짓누르던 시련이 사라진 것이다. 수술확인서와 조직검사서를 보니, 하나인 줄 알았던 혹이 3개였다. 혹 3개 절제한 것을 합하니 11cm였다. 하지만 이젠 이렇게 말을 할 수 있고 먹을 수 있으니 얼마나 다행인가.

살아가는 데 아무런 문제도 없었고 아프지도 않았다. 그런데 꼭 수술을 해야 할까? 고민하고 두려워했던 시간을 떨쳐내고 수술을 끝내고 나니, 참 용감하게 잘했다는 생각이 든다. 수술 후 목소리가 안 나오면 어떻게 할까 고민도 많았는데, 목소리도 변하지 않고 그대로이니 새로운 희망이 생겼다. 그동안 못했던 일들을 이제는 미루지 않고 해야겠다는 강단도 생긴다. 무엇이든 할 수 있게 되었으니, 또 다른 목표를 향하여 경주마처럼 노력해 보리라.

오늘도 비가 내리고 바람이 불고 있다. '이 시간이 지나면 또 다른 날씨의 세상살이가 함께 하자고 손을 내밀겠지?' 변하는 시간의 연속성에 또 다른 꿈을 꾸며 윤선도의 오우가를 읊조려 본다.

"작은 것이 높이 떠서 만물을 다 비취니 밤중의 광명이 너만 한이 또 있느냐. 보고도 말 아니하니 내 벗인가 하노라."

비가 내릴 때 눈을 노래할 수도 있고, 햇살이 따뜻할 때 바람 불고 비 내리는 쓸쓸한 바닷가를 상상할 수 있는 것이 우리들의 인생여정이 아닐까.

친구란

하얀 벚꽃 잎 날리듯 쏟아지는 눈의 춤사위가 가히 예술이다. 축복이라는 메시지가 내 머리 위로 내려앉는 듯하다. 하늘광장에서 나목의 가지 위로 춤추며 내려오는 눈송이들이 지상의 길 잃은 천사에게도 축복을 내려준다. 면사포 쓴 가로수 친구들의 소곤거리는 소리가 나의 마음을 흔든다. 행복한 마음 담뿍 담아 고마운 친구에게 감사의 마음을 하나하나 실어 창공으로 날리고픈 하루다. 친구란 죽마고우나 지란지교, 문경지교만 있는 것이 아니라 관포지교가 우리의 가슴을 울리지 않던가. 잊지 못할 2020년 성탄절 저녁 이야기다.

짧은 겨울의 해넘이로 일찍 찾아온 어둠은 인천에서 충북혁신도시로 가는 막차를 띄우고 말았다. 잠시 어디로 가야 할지 머릿속이 어지럽다. 딸네 집으로 가야 할까? 친구에게 전화를 걸까? 어둠이 짙어지면서 귀소본능이 발동해 불안해지기 시작한 것이다. 인천대학교에서 서울 석촌호수 부근 딸네 집으로 가야 할지 망설이다가, 인천시청 근처에 사는 친구에게 전화를 했다. 딸네 집에 가자니 멀기도 했지만, 오랜만에 생각 난 친구를 불러내기로 했다.

"친구야, 볼일 보러 나왔다가 막차는 놓친 것 같고, 우리 모처럼 사우나에서 하룻밤 수다 떨고 놀자."

"이 근처에는 사우나가 없어, 일 끝나는 대로 우리 집으로 와, 마중 나갈게."

아직 일이 덜 끝나 나오려면 시간이 필요하니 다시 통화하자고 했다. 친구 말대로 그녀 동네로 가기로 했다. 내가 진천으로 이사한 지 얼마 되지 않아 교통편이 낯설기도 했지만, 차가 일찍 끊긴 아쉬움도 친구 볼 생각에 까맣게 잊었다.

미리 한 약속이 아니었는데도 선뜻 대답해 준 친구가 고맙다. 수다 삼매경에 빠질 생각에 휴대폰은 진동으로 바꿔놓고, 식당에서 늦은 저녁을 먹으며 지인과 이야기하느라, 친구에게 전화 걸 생각도 전화를 받아야할 타이밍도 놓쳐버렸다. 나를 찾았을 애타는 진동은 주변의 시끄러운 소음 속으로 멀어져 갔다. 친구의 부재중전화가 11번이 찍혀있다. 급히 전화를 하니 어지간히 기다리느라 애가 탔던 모양이다. 마중을 나온다 하고 기다렸을 테니 왜 안 그랬을까. 한겨울 어둠에 갇혀 푸릇한 불꽃들만 반짝이는 바람 부는 밤이다. 겨울밤 늦은 시간 차가운 거리를 친구와 팔짱 끼고 걷는 그 길이 왜 그리 포근하던지, 하늘에서 별들이 쏟아질 것 같은 아름다운 밤이다. 친구는 남편을 아들 방으로 보내고 졸지에 친구와 안방을 차지하게 되었다. 사우나 신세를 지려 했는데, 한천에서 온천을 만나듯 행복한 밤이었다. 우리가 결혼하기 전에 손잡고 다녔던 도봉산이며 동창들의 많은 추억들 속에서 잠이든 그 밤은 동화 속 그 어떤 공주도 부럽지 않는 밤이었다.

날이 밝으려면 아직 어둠 속이다. 새벽같이 일어나 인천시청역으로 나를 배웅해주고 차가운 아침 바람을 맞으며 돌아간 고마운 친구가 정영자다. 밤새 포근한 이불 속에서 체온을 맞대고 추억을 곱씹으며 숙면에 들게 한 고마운 친구다. 따뜻한 친구의 체온을 간직한 채 고속버스에 몸을 싣고 진천 집으로 향하는데, 촉촉한 빗줄기가 내린다. 아직 가시지 않은 나의 감성을 자극한다. 인천 거리의 새벽 불빛을 보면서 빗줄기 하나하나에 감사함을 새긴다. 그 고마운 마음을 친구에게 전해 주고 싶어 문자를 누른다.

"친구야 고마워, 겨울비도 내리고 반짝이는 새벽 불빛도 운치 있고, 감성 충만 행복 가득한 시간 안고 진천 내려간다. 덕분에 좋은 하루가 펼쳐질 것 같아."

"그래, 좋은 글감 되었으면 좋겠네, 행복하고 멋진 하루 보내."

이심전심이랄까? 그녀 마음이 내 마음이다.

차창 밖으로 보이는 새벽의 비 오는 풍경은 서울을 지나오면서 찬 기운을 만나 진눈깨비가 되더니, 진천 가까이 오니 눈이 되어 펑펑 내리고 있었다. 모처럼 귀한 눈을 보니 반갑긴 한데, 8시 30분 도착 예정이라는 시간이 10시가 되어도 도착할 기미가 없다. 그래도 짜증이 나지 않았다. 그야말로 피치 못할 기상이변이라 위안하며, 더듬거리는 차들로 이미 출근 시간은 늦은 지 오래다. 세상을 온통 환하게 만들어 주는 벚꽃의 낙화 같은 하늘광장에서 쏟아붓는 눈꽃 가루에 아이처럼 마냥 행복했다. 하늘을 향해 또 내 친구의 마음에도 미소를 날려 보낸다. 하늘광장도 친구도 내 마음을 받았으리라 생각하니, 마음에 여유와 평화가 가득해진다. 지각을 했지만, 친구의 따뜻함이 눈꽃 속에 피어나는 아침, 벚꽃 같은 눈은 계속 내리고 있었다. 행복한 아침이다.

좋을 때 친구는 진정한 친구가 아닐지도 모른다. 위기를 겪고 나서야 친구의 진면목을 알 수 있다고들 말한다. 쭉정이는 바람에 날아가고 알곡만 남게 되는 것이다. 삶을 살다 보면 파도 같은 위기가 우리를 흔들 수 있다. 함께 물귀신이 되자는 친구도 있고, 소리 없이 스스로를 조각해 아픔을 다듬는 친구도 있다. 진실한 친구를 찾을 수 있는 절박함은 위기를 벗어나 좋은 친구를 곁에 두게 한다. 평소 친구를 가려서 사귀지 말고 내가 할 수 있는데 까지만 하고 살자는 것이 나의 지론이었다. 염파와 인상여의 문경지교[4]가 아니어도 좋고, 관중과 포숙아의 관포지교[5]가 아니어도 좋다. 내가 할 수 있는 데까지만 진실된 마음을 보내주면 되는 것이라 생각했다. 친구의 사랑이란 그저 동네 친구같이 훈훈함으로 옆에 있어만 주어도 좋은 것이다. 서로의 마음에 얼음조각이 있다면, 그 얼음 녹을 때까지 손 얹고 기다려 줄 수 있는 친구가 좋은 친구 아닐까. 겨울나목의 삭정이 같은 모습으로 친구 집 현관문을 두드렸을 때 "어서 와"라고 말할 수 있는 친구가 있다면 진정 행복하리.

늘 좋은 친구만 있는 것이 아니라 나에게도 아픈 손가락 같은 친구가 있다. 어렵고 힘들 때 동고동락했던 여고 동창생과 돈독했던 우정에 금전이 끼면서 좋지 않은 추억만 주고 떠난 흔적을 아직 껴안고 산다. 문경지교나 관포지교라는 단어에 대한 부끄러움을 간직한 채 얼어 있는 마음에 뜨거운 눈물 한 방울로 흔들리는 파장이 일기를 빌어본다. 내리는 눈은 아름답다. 축복이라는 이름으로 내리는 함박눈이 아픈 추억을 나눈, 내 친구에게도 사랑으로 스며들기를 기원해본다. 분명 그 친구가 있는 그곳에도 눈은 내리고 있겠지.

---

4) 대신 목 베임을 당해 줄 수 있을 정도로 절친한 사귐. 생사를 함께할 수 있는 벗이나, 사귐을 말한다. 염파와 인상여 사이를 말한다.

5) 관중(管仲)과 포숙(鮑叔)의 사귐. 친구 사이의 두터운 우정을 비유하는 말이다.

법나리 개나리 · 1

- 소송사건 일기

코로나19로 소통이 막힌 사람의 세상과는 달리, 자연의 자연스런 모습은 변함이 없다. 올 한 해는 병원에 입원하는 일 없이 무난히 잘 넘어가려나 보다 생각했다. 붉게 물든 단풍을 바라보며 안도하고 있는데, 휴대폰이 울린다. 70줄에 앉은 오빠가 아버지 앞으로 온 소송장 이야기를 한다. 53년 전에 아버지가 써준 부동산매도증서를 첨부하여 원고의 후손들이 낸 소송장이란다.

아버지가 2022년 2월 설날에 입원했다. 패혈증과 전립선암 그리고 신장 수치는 낮고 간 수치는 높아 대학병원진료를 받고 요양병원에 입원했다. 코로나로 인하여 면회는 전면 금지되었다가 한 달에 한두 번 비대면과 대면으로 면회가 허용되었다. 하반기엔 한 달에 한 번 외출도 가능하여 10월부터 12월까지는 바깥 구경도 했다. 모처럼 가족들과 만나 삼천포에서 바다 구경을 하며 식사하는 시간을 잠깐이나마 가질 수 있었다. 기분 좋아하시는 아버지의 모습이 보기 좋았다. 그나마 다행이다 싶어 면회 간 우리들의 마음은 위안받았다. 걷지를 못하시는 아버지를 덩치 큰 외손자가 업고 식당 의자에 앉혀 드린 다음 소송장 이야기를 했다. 11월에 소송장을 받고 이제 12월이 되었으니, 답변서를 제출해야 한다. 아버지의 말씀은 한결같았다.

"그건 사문서위조야, 거짓말이다. 내가 쓴 영수증이 아니야."

"그래도 답변서를 써야 하니 아버지가 한 번 써 보세요."

글씨를 쓰는 손에 힘이 없어서 필체가 삐뚤빼뚤 지렁이가 기어가듯 한다. 힘 넘치던 명필의 필체가 이렇게 바뀔 수 있다는 사실이 슬펐다. 아버지가 직접 써야만 법적 효력이 있을 것 같았다. 힘들어하는 아버지에게 계속 쓰기를 재촉했더니, 오빠가 버럭 화를 내며 대필을 하겠단다. 등기도 우리 할아버지 명의요 재산세도 아버지가 줄곧 내왔으니, 당연히 우리 땅인 줄 알았다. 한데 이 땅이 소송을 당한 것이다. 소장의 취지는 1969년 1월 23일 부동산 매도증서가 있으니, 밭 약 600평을 등기이전 해달라는 이야기다. 그동안 경작을 했고 선조들의 묘도 그 땅에 썼다는 것이다. 자주점유로 인한 소유권이전등기를 해 달라는 후손들의 청구취지다.

피고 측은 할아버지 명의로 되어있는 땅이라, 할아버지 자식들과 자식이 사망한 경우는 그 배우자와 자식 앞으로 소송장이 우편으로 왔다. 소장을 받은 가족은 모두 13명이었다. 법무사, 변호사를 찾아가서 알아본 사람, 아예 미리 포기하고 그냥 이전해주라 한다. 매도증서가 있어서 승소할 가능성이 희박하다는 결론에 모두 다다르고 말았다. 패소하면 상대방 변호사 비용도 물어 줘야 하니, 나서서 대항하자는 사람이 없다. 아버지가 당사자이니 다른 사람들이 내막을 알 리도 없다.

우리 아버지가 무능하게 세상을 사셨지만, 선량하게 사셨고 남에게 피해를 주지 않았다. 내가 손해를 보면 보았지, 내 실속을 위해 누군가에게 사기를 치실 분은 아니다. 한결같이 아버지는 "사문서위조다, 그놈들 사기꾼이다."라고 하시는데, 우리 아버지를 사기꾼으로 만들려는 그자들에게 어떻게 대항해야 하는지 막막하기만 하다. 아버지에게 알려야 할지 말아야 할지 한참을 고민했다. 얼마나 고민했으면 꿈속에 날파리 세 마리가 날아와 내 얼굴 왼쪽 볼을 쏘았는데, 벌에 쏘인 것처럼 얼굴이 얼얼하더니 부어오른다. 눈두덩 위로 땡글땡글 붓더니, 머리에 지진이 나듯 찌찌직거리며 머리뼈가 갈라진다. 잠을 깨고 나서 이 소송을 하지 말라는 암시인가. 그 땅에 원고의 선조 묘 3기(봉분 2기와 묘지석 1기)가 있다고 했는데, 그분들의 영혼이었을까? 이제 귀신들과도 싸워야 하나? 배보다 배꼽이 더 커지는 것은 아닐까? 변호사 비용은 감당할 수 있을까? 온갖 고민이란 고민을 다 했던 것 같다.

내가 아니면 아무도 이 일을 할 사람이 없을 것 같았다. 변호사 비용을 다 까먹는다 해도, 죽을 때 죽더라도 이대로 그냥 죽을 수는 없다는 결론에 도달했다. 현장을 답사하고 사진을 찍고, 그분들의 묘지에서 미친 듯이 소리도 질렀다. 50년 넘게 공짜로 남의 땅을 사용했으면 그동안 잘 사용했다며 감사해야지, 이렇게 거짓을 말하냐고 따져 물었다. 묘지석엔 성경 한 구절과 권사라 명시되어 있었다. 예수님께 꼭 진실을 말하라고 나 혼자 중얼거렸다.

처음엔 매매계약서인 줄 알았다. 잔금을 치르지 않았다면 무슨 문제이랴 싶었는데, 소장을 확인하니 매도증서였다. 1969년 1월 23일 당일 대금 25,000원을 지급하였다고 쓰여 있다. 참담한 마음을 가득 안고 나는 진천, 서울, 진주 변호사 사무실을 기웃거리며 상담을 받았다. 내 모습이 비참하게 느껴졌다. 그런데다 모든 변호사가 이구동성으로 영수증이 진짜라면 이길 확률이 없다고 한다. 설령 영수증을 쓰고 계약이 파기되었다 해도 그 영수증을 회수하지 않은 책임을 피할 수 없다는 말에 기운이 빠졌다. 그 당시엔 글자를 모르는 사람이 많았다. 그러니 필체보다 도장이 맞는지 아닌지를 확인하라 했다. 도장의 진위를 위해 인감도장 정보공개신청을 하였다. 인감증명법은 1962년 6월 12일 제정되어 1962년 7월 13일 시행되었다. 2000년 이전에는 주민등록증에 인감이 등록되어 있어 그 당시 주소지로 가서 인감을 확인하라 한다. 컴퓨터에 등록된 것은 2001년부터란다.

진천의 법률구조공단 변호사만이 이번에 대항하지 않으면 나중에 땅을 치고 후회해도 소용없으니, 꼭 변호사를 사서 소송하라는 희망을 준다. 영수증이 행여 사실이라 하더라도 1969년도 상속 민법을 보면 각자의 법적 지분이 있다. 그런데 아버지 지분 이외의 다른 상속인 지분을 불법으로 점유했으면, 그에 따른 부당이득 신청과 묘지 인도 소송도 함께하라 한다. 변호사를 소개해 달라했더니, 그런 일은 할 수 없단다. '그런 변호사가 있을 것'이라며 찾아보라 권유한다. 희망의 말이 고맙긴 했지만, 너무 아득하여 터벅터벅 휘청거리며 집으로 왔다. 오면서 생각하니 그 당시 그 땅을 샀다면 왜 등기이전을 해 가지 않았을까? 아버지가 땅을 팔고 등기 이전을 안 해 주실 분도 아닌데, 왜 이제 와서 매도증서를 내밀까? 서로 살아계실 때 등기이전을 해야지, 만약 아버지가 매도를 하고 등기이전을 안 해 줬다면 그 당시 아버지를 사기죄로 고소라도 했을 것인데, 왜 가만히 있었을까?

매매대금이 아이들 과잣값도 아니었을 텐데, 도저히 이해할 수 없는 일이었다.

법나리 개나리 · 2

- 소송사건 일기

조상들의 추깃물이 떨어지듯, 겨울비가 추적추적 내리는 진주 법원가의 대로변을 걷고 있다. 도대체 내가 왜 이렇게 이 주변을 어슬렁거리며 변호사 사무실을 찾고 있는가. 고향 떠난 지 40여 년, 이젠 이 거리도 이방인처럼 낯설기만 하다. 1979년 고등학교에 입학하면서 진주에서 3년을 보냈다. 그때는 진주 곳곳이 다 낯익은 거리였는데, 객지를 떠돌다 돌아온 이 시간, 이 거리는 곳곳이 낯설었다. 도로는 넓어지고, 아파트는 숲을 이루고, 높은 상가들은 열심히 살아온 날들을 떠받들고 있는 듯했다.

그렇다, 나만 낯선 느낌이다. 길을 오가는 사람들은 아무렇지도 않게 어제 봤던 그 길을 걷고 있는 모습이다. 겨울바람이 불고 있다. 식당가를 두리번거리다가 분식집에 들어가 떡만둣국을 먹었다. 빗방울 떨어지는 모습을 한참 바라보다가 편의점에 들러 투명우산을 샀다. 빗방울이 떨어지면서 그리는 그림을 쳐다보고 빗방울 연주 소리를 들으며 길을 걸었다. 이제부터는 어느 변호사가 무료로 상담해주는지, 실력 있고 친절한 변호사 사무실을 어떻게 찾아낼 것인지를 생각해야 한다. 법원 주변이라 법률사무소는 많다. 법무사는 대리권행사를 할 수 없으니 제외하고, 변호사 사무실을 찾아야 한다. 제일 큰 빌딩 층층마다 변호사 사무실의 간판이 보인다. 일단 제일 큰 건물로 들어갔다. 맘 닿는 대로 엘리베이터 버튼을 누르고 일단 가 보는 거다.

"똑똑."

"어떻게 오셨습니까?"

상냥하고 예쁜 여직원의 안내를 받았다.

"소송 상담 좀 할까 하는데요."

"그러세요. 오늘은 예약이 다 차서 내일로 시간 잡아 드리겠습니다."

"내일은 제가 여기 있지 않아서, 오늘 좀 안 될까요?"

"네에, 오늘은 안 됩니다."

'어쩔 수 없지, 변호사 사무실은 또 있으니까, 위층으로 올라가 보자.'

"똑똑."

"들어오세요."

이번엔 남자 사무장이다.

"소송 상담 좀 할까 합니다."

"이리로 오세요. 무슨 일입니까?"

"네에, 53년 전 영수증을 첨부하여 땅을 내놓으라는 소장을 받았습니다. 여기 서류가 있습니다."

사무장은 서류를 훑어보고 일단 영수증의 진위부터 알아보고, 그쪽 원고가 이전에도 이런 행동을 했던 사람인지도 주변을 통해 알아보라고 했다.

"이분이 사기 경력이 있는지 알아보라는 뜻인가요?"

"그쪽으로도 한 번 생각해 보시라는 겁니다. 영수증이 사실이라면 승소가 어렵겠고, 아니라면 연락주세요."

"네, 감사합니다."

건물을 나와 우산을 펼치고 한적한 거리를 걷는 내 모습이 비에 젖은 한 장의 낙엽 같다. '어떻게 하다가 우리 집안이 이 모양새가 되었을까?' 지금 아버지는 요양병원에 계신지 열 달째다. 그 전 10여 년 동안 내가 모시고 살았다. 힘들다면 힘들었지만, 그냥 원하시는 대로 해 드리고 살다보니, 그렇게 힘들지도 않았다. 효와 불효의 차이는 원하는 것을 해 드리느냐 아니냐의 차이라는 노하우도 생겼다. '이렇게 하세요. 저렇게 하세요.'하지 않고 살아서 서로가 편했던 것이다. 80세 되던 해 다리에 마비가 와 대학병원에서 진료를 1년 정도 받고 재활병원과 요양병원에서 1년 정도 치료를 받았다. 걸을 수 있고 대소변을 가릴 수 있어 집으로 모셔와 함께 지냈다. 91세를 맞이한 설날 예기치 않게 배앓이를 하셨다. 병원 검사 결과 패혈증에 전립선암 재발에 신장수치가 투석을 해야 했다. 설상가상으로 소변줄기가 역류하는가 하면 통풍, 고혈압, 부정맥 등 아버지는 그야말로 종합병원이셨다.

그동안 걷기가 안 되어 워커를 밀고 집안에서 왔다 갔다 하며 생활하셨다. 바깥나들이를 싫어하셔서 병원 갈 때나 외출할 때를 빼고는 집안에만 계셨다. 워커를 잡고 꼼지락거리는 것으로 운동을 대신하셨다. 그리고 홈쇼핑을 보고 실내 자전거를 사달라고 하셔서 자전거 타기를 했다. 그러다가 2022년 설날 명절을 부산 시댁에서 지내고 올라왔다. 아버지의 겉모습은 별 차이가 없어 보이는데, 기운이 없고 먹고 싶은 게 없다며 모든 것이 다 귀찮다고 하신다. 부산 대학병원에 입원해 계시는 시어머니도 오늘내일하는 위독한 상태였다. 하지만 코로나19로 인하여 아무도 병원에서 보호자로 보살필 수가 없는 국가적인 비상사태였다. 아버지는 청주에 있는 대학병원 응급실로 가서 각종 검사를 받고 새벽 2시에 입원 수속을 밟았다. 병 원의자에 기대어 밤을 새우고, 다음 날 아침 응급실에 필요한 물품을 사서 넣어 드렸다. 그리고 집으로 오는데, 시어머니 사망선고 소식을 들었다. 시어머니 장례를 치르는 중에 아버지가 계시는 병원으로부터 연락을 받았다. 아버지를 일반병실로 옮겨야 하니 보호자가 있어야 한단다. 오빠에게 연락해 아버지 간호를 부탁했다. 하지만 오빠의 건강상태가 코로나인지 독감인지 알 수 없어 검사하고 기침이 좀 멎으면 가겠다 하여 당분간 대학생 조카 정의산에게 일임했다. 일주일 후 교대했다. 그동안 못했던 효에 대한 반성이라도 하듯, 오빠는 지극정성을 다하여 대소변 수발을 들었다.

이런 와중에 예기치 않았던 전자소송장이 할아버지 자손 13명에게 날아 왔다. 그것도 피고인이라는 수치스런 이름으로. 소의 원인이 자주점유로 인한 소유권 등기 이전을 해달라는 것이다. 53년 전 1963년 1월 23일자 부동산매도증서를 첨부하고 동네 사람 5명의 농작물경작확인서를 첨부했다. 아버지를 모시고 살면서 아버지의 재산세 납부 고지서를 그때 처음 보았다. 재산세 목록 중에 밭 600평이 큰 몫을 차지하고 있어 네이버 지도를 활용하여 찾아가 본 적이 있었다. 그랬더니 풀더미만 무성하고 무덤 2기가 있었다.

'도대체 누가 남의 땅에 묘를 썼지?'라 생각하며 살펴보았다. 바로 옆 지번에는 농작물을 경작한 흔적이 있고, 주변에 있는 묘들은 연일정가의 선영인 것 같다. 그래서 '집안사람 누군가가 몰래 묘를 썼나 보다.' 생각했다. 비석 없는 '이 묘의 자손이 누구인지 찾는다.'는 푯말이라도 붙여 놓고 가야 하나 하다가 필기구가 없어서 그냥 왔다. 그런데 그 묘가 그동안 경작을 했다고 주장하는 원고의 선조 묘라 한다. 남의 땅에 무상으로 50여 년 작물을 경작해 왔으면 땅이 귀한 그 어려운 시절에 잘 사용했다고 인사를 하고 돌려주어야지, 어떻게 내 땅으로 만들어볼 궁리만 했을까?

아버지께 여쭤봤더니, "그건 사문서위조다. 그런 일 없다." '매매하기로 했다가 계약금 받은 거 돌려주고 끝난 일'이라 했다. 그런데 원고의 아버지가 사망하고 그 아들이 땅을 돌려 달라고 하여 "그런 일 없다. 문서라도 있느냐?"고 했더니, "없다."고 했단다. 그리고 20년이 지난 어느 날(1990년대 초쯤) 영수증을 찾았다며 갑종 1호에 붙은 영수증을 갖고 다시 왔더란다. "그건 내가 쓴 영수증이 아니다."하고 내버려 두었는데, 그 아들이 사망하고 자부와 손자 손녀들이 소송을 제기한 것이다. 2007년 나의 동생이 할아버지 명의로 된 재산을 정리하다가 이 땅도 명의를 이전하려 했는데, 원고 측이 이의 신청을 해놓아 가져오지 못했단다.

막막했다. '이 일을 어떻게 처리해야 하나?' 걱정되어 삼촌들에게 연락해 봐도 아버지 도장 찍은 매도증서가 있어 어떻게 해 볼 수가 없다. 법학과 동창에게 의뢰해 이 분야의 전문 변호사에게 문의해 봐도 매도증서가 사실이라면 자주점유를 부인할 방법이 없단다. 법률구조공단에 두 번째 예약하고 방문했다.

"아는 변호사마다 가망성이 없다는데, 어떻게 해야 할까요?"

"모르는 변호사 찾아보세요. 분명 어딘가에 그런 변호사 있을 거예요. 이번에 대항하지 않으면 나중에 땅을 치고 후회해도 소용없습니다."

아버지는 요양병원에서 오늘내일 언제 운명하실지 알 수 없을 만큼 건강 상태가 좋지 않다. 법무사와 변호사에게 알아보니 승소할 가망이 없단다. 이 진실을 어떻게 밝혀야 할지 막막하기만 하다. '소를 취소시켜 달라' 하고 '그냥 등기이전을 해주자.'고 한다. 패소하면 상대방 변호사 비용까지 물어야 하는데, '괜히 고생하지 말고 그냥 넘겨주자.'는데 만장일치다. 이런 답답함 속에서 차오르는 분기를 이기지 못하니 위경련이 왔다. 머리가 빠개질 듯 아프다. 진주에서 비 오는 날 변호사 사무실을 순례하듯 돌고 나니, 진천 집으로 올 기운이 하나도 없다. 할 수 없이 근처에 사시는 둘째 숙모 집으로 갔다.

"숙모, 나 힘들어서 자고 가야겠어요."

그리고 밤새 토하고, 누웠다가 또 토하고, 누웠다를 반복했다. 이 모습을 보고 둘째 숙모가 말했다.

"경아, 힘들단다. 그냥 주삐라. 니 고생하는 거 못 보겠다. 할머니 집안인지 그 사람들도 함안 조가더라. 그냥 주고 마음 편히 가져라. 그동안 우리 집 연일정가 남자들이 다 그렇게 안 살았나."

"숙모, 이건 그냥 넘어갈 수가 없어요. 우리 아버지가 무능하게 살긴 했어도 거짓말하고 사신 분은 아니잖아요. 아버지가 아니라는데, 나는 이 사람들 그냥 둘 수가 없어요. 죽을 때 죽더라도 '찍'소리는 내봐야 할 거 아니에요. 빚을 내서라도 변호사 사서 대항은 해 봐야겠어요. 그래야 그 쪽에서 합의를 하자든지 무슨 수가 있지 않겠어요. 배보다 배꼽이 커질까 봐 걱정이지만."

"그래, 아버지가 거짓말할 사람은 아니지. 그래도 니가 너무 힘들어하는 모습은 참말로 못 보겠다. 니 몸 생각해라. 힘들게 살지 말고 그냥 주라."

"알아서 할게요."

다음날 약 먹고 심신을 좀 추스른 후 진주법원 주변 변호사 사무실을 몇 군데 더 찾아가 보았다. 뾰쪽한 수가 없었다. 절망의 끝 지점에서 고향 후배 중에 변호사가 있다는 친구의 말에 용기를 내어 전화했다. 안양에서 N법무법인을 하고 있는 중학교 후배였다.

"재산세는 누가 냈습니까?"

"당연히 우리가 냈고 등기도 우리 앞으로 되어 있죠."

"그럼 해볼만 할 것 같습니다."

"안양은 너무 멀어서 힘들지 않을까요?"

"요즘은 화상재판을 할 수 있어서 괜찮습니다."

"전자소송은 있는 줄 알았지만, 화상 재판도 가능하다구요. 그럼 해보죠."

그러면서 변호사 비용이 걱정되었다.

"변호사 비용은 얼마나 들까요?"

"OOO원입니다. 성공보수도 OOO원이구요."

"좋아요, 그럼 내일 서류 들고 찾아갈게요."

"네에, 알겠습니다."

재경 옥종중 동창회 톡방에서 언젠가 한 번 이름이 스치고 지나간 것 같아 인터넷에 검색해 보았다. 주변에 선한 영향력을 미치고 있는 변호사였다.

진천 법률구조공단 2회 예약 방문(2022년 11월 25일, 12월 7일)

법학과 동창과 서울 서초구 변호사 사무실 방문

진천 변호사 사무실 방문

12월 13일 진주 변호사 사무실 찾아 방황

12월 14일 안양 N법무법인 OOO 변호사 미팅(오빠 동행했음)

12월 15일 변호사 비용 송금

법나리 개나리 · 3

- 소송사건 일기

법이 제대로 서면 나라가 부국강병을 할 수 있다는 말은 대부분의 고전 『열국지』, 『초한지』, 『삼국지』 등에서 언급하고 있다. 법을 악용하여 사기를 치는 범죄를 저지르기 시작하면, 그 나라는 고목이 작은 벌레에 의해 쓰러지듯 멸망하는 것을 우리는 역사를 통해 학습했다. 상대방의 호의를 악용하여 나의 이익을 취하려 한다면, 그 또한 범죄행위다. 그동안 법의 판례를 통하여 비슷한 사건이 일어나면 '나도 한번 해볼까?' '어, 승소하네.' 식의 이런 판례가 만연하여 소유권이전등기에 대한 소송이 다반사로 이루어지고 있다. 가까이 지냈던 이웃들이 원수처럼 지내는 경우가 허다하다. 자주점유로 인한 소유권이전등기의 소송은 사건마다 달라 케이스 바이 케이스라고 한다. 법무 공무원들조차 정말 어려운 사건이라고 말한다.

친정아버지의 경우도 일제 강점기에 태어나셔서 해방과 사상전쟁, 그리고 6.25를 겪었다. 이런 험한 세월을 사는 동안 아버지는 어려운 사람들에게 무엇이든 나눠주는 것을 좋아했다. 천석꾼의 아들로 태어나서 고생을 별로 하지 않아 세상살이 힘든 것을 모르신다. 정부미를 사 먹고 살아야 했을 만큼, 어려울 때도 있었다. 그러면 내 땅을 돌려받아 농사라도 지었어야 했다. 그런데 땅을 내놓으라는 말을 못 하셨다. 우리 땅에서 살고 계시는 친척분의 집을 팔았을 때도, 미안해서 이사 갈 집을 사 주셨다. 그런 아버지의 DNA를 물려받아서인지, 나 또한 친구에게 돈을 빌려주고 우정이 깨진 일이 있었다.

재산세는 우리가 내고 100년 50년 무료로 땅을 사용하게 했으니, 어느덧 상대 쪽에선 어떻게 하면 자기 땅을 만들 수 있을까 호시탐탐 노리고 있다는 사실도 전혀 예상하지 못했다.

20년간 평온무사하게 점유하면 소유권이전이 가능하다는 판례를 잘못 인식하여 너도나도 소송을 제기하는 양심 불량의 사람들이 있다. 누구의 땅인지 모르고 아무 일 없이 20년을 경작하면 자주점유로 인한 소유권이 이전된다는 민법 245조 법조문 때문이다. 오늘날엔 주인 없는 땅이 없다. 등기만 떼어 봐도 바로 소유주가 나온다. 그런데 이런 일이 가당하기나 하는지 알 수가 없다. 올바른 정신을 가진 사람이라면, '그동안 잘 사용했다.'며 감사한 마음으로 돌려줘야지, 어떻게 이런 일을 할 수가 있는지? 보릿고개를 넘기던 그 시절 땅이 얼마나 귀했던가. 논두렁에도 콩을 심었고, 자갈밭도 일구어 농사를 지었다. 그 힘들고 어려운 시절 600평이라는 기름진 땅을 무상으로 사용하고도 감사의 표현은커녕 등기이전을 해달라니.

이런 사건의 판례를 뒤집어 표본이 되게 해야겠다는 내 의지가 비참하고 무참히 짓밟히는 것은 아닐까? 패소하면 상대방 변호사 비용까지 물어줘야 한다. 이것이 부담스러워 포기하자는 가족들의 가난한 삶이 내 의지에 불을 지핀다. 사실을 사실이라고 말하지 못하고, 그냥 포기하면 편하다는 논리다. 그러면 진실은 어디 가서 찾을 수 있을까? 사기꾼들이 풀떼기처럼 일어나 법나리를 개나리로 만들 수 있을 것 같다. 정의가 사라지고 양심불량증에 걸려 너도나도 병들어 가는 사회를 마냥 지켜볼 수만은 없다. 진실이 역사를 세우는 정의로운 사회에서 마음이 행복한 사람으로 살고 싶다. 내 아버지를 사기꾼으로 조작하려는 그들을 도저히 용서할 수 없다. 소송에 대항하고자 변호사를 선임한 내 행동에 긍정의 힘을 쏟아 스스로를 위안해본다.

법나리 개나리 · 4

- 소송사건 일기

2023년 6월 20일 오전 10시 30분 첫 재판날짜가 잡혔다.

2022년 10월 17일 소장을 접수하고 원고들 보정명령과 당사자 표시정정서를 제출한 후,

2022년 11월 18일에 피고들이 소장을 받기 시작했다.

2022년 12월 23일 피고 측 변호사 소송위임장과 답변서를 제출하고

2023년 2월 8일 피고 측 준비서면을 법원에 제출했다.

2023년 3월 30일 법원에서 원고 측에 석명준비명령(도과기간 확인)을 내렸다.

2023년 4월 20일에 원고 측에서 보정기간연장 신청서를 제출했다.

2023년 5월 29일에 법원은 원고와 피고 측에 변론기일통지서를 발부했다.

2023년 6월 2일 피고 측 변호사 영상재판신청서 제출했다.

2023년 6월 19일에 원고 측 변호사 준비서면을 제출했다.

영상 재판 결과는 속행으로 끝났다.

매매대금 영수증의 인감이 위조라고 증거를 제출하자 1969년 1월 23일

매매대금 전달 방법을 입증하고 증인도 세우겠다고 했다.

증인을 세우겠다 하니, 2023년 9월 5일에 13시 50분에 2차 재판기일이 잡혔다.

아버지는 재판 결과도 못 보고 돌아가시고(2023년 4월 28일) 작은고모도 걷기가 힘들어 요양원에 입소(2023년 4월 6일)하셨다. 작은고모님은 4남매를 두었는데, 아이들이 어렸을 때 이혼하고 혼자 사셨다. 자녀들과 왕래가 없어서 막내삼촌과 오빠와 내가 가서 입소하는 날 도와드리고 보호자로 등록했다. 만약 고모님도 돌아가신다면 승소해도 상속문제가 아주 복잡할 것 같다는 생각이 든다. 상속인이 22명으로 늘어날 것 같다. 숫자가 문제가 아니라, 왕래도 안 하는 고모님의 자녀들이 문제다. 고모님이 살아계실 때 무슨 조치라도 취해야 할 것 같았다. 요양원에 계시는 고모에게 면회 가서 상속문제를 이야기했더니, 애들과는 상관없으니 신경 쓰지 말라고 한다. 하지만 상속법은 그렇지가 않은 것이다. 상속포기 각서를 받아 놓아야 승소해도 뒷수습이 잘 될 것 같은데, 참으로 말하기가 곤란한 상황이다. 소액 민사사건은 언제 재판이 끝날지 알 수가 없다. 소송이란 잘 되어도, 잘못돼도 참 피곤하고 사람의 기운을 빼는 일이다. 그래도 진실은 확실히 밝혀야 한다는 내 의지는 꺾이지 않는다.

대금을 정상적으로 지불했다면 분명히 등기이전을 해갔을 것이다. 등기이전을 해 가지 못한 이유가 있을 것이다. 매매대금을 지불하고 등기이전을 해 주지 않았다면, 그때 계약당사자가 살아 있을 때 고소를 하든지 해야지, 고소하지 못한 이유도 있을 것이다. 인감도장을 위조하여 영수증을 첨부하였는데, 이제와서 증인을 세우겠다니, 법원도 궁금하여 한 번 들어보고 싶겠지. 나도 궁금하긴 마찬가지다.

법나리 개나리 · 5

- 소송사건 일기

2023년 9월 5일 오후 1시 50분 2차 재판기일이다.

보편적으로 증인이 있는 재판은 오후에 열린단다.

재판이 끝났는데, 우리 변호사가 아무런 연락이 없다.

무슨 중대한 변동사항이라도 있는 걸까? 증인은 나왔을까? 오만가지 생각이 꼬리를 문다. 분명 증인은 안 나왔을 것이라 추측했다, 만약 나왔다 하더라도 경작했다는 사실을 입증하는 것이겠지. 소작을 했으니, 농사지은 것은 다 아는 사실이다. 그런데 우리 측 변호사가 며칠이 지나도 연락이 없다. 대법원 나의 사건을 검색해 진행사항을 알아보니 10월 10월 오후 1시 50분에 속행이란다. 갑갑한 마음에 변호사에게 연락했더니 "별거 없습니다. 증인도 안 나오고, 대금지급방법 증명도 없었습니다. 혹시 우리 측에서 증인 설 사람이 있을까요?"

"2007년도에 사실확인서 보증 서신 분들 명단이 있으니, 그걸로 대체가 안 될까요? 그리고 보증인 지장이 우리에게 갖다준 영수증과 소송장에 붙은 영수증 지장이 다릅니다. 우리 영수증엔 지문이 있는데, 소송장엔 지문을 뭉개 놓았습니다."

"참고하겠습니다.

우리 측 증인 설 사람이 있을까 수소문하다 보니, 원고 측 가까운 사람이 변호사라고 귀띔해주는 사람이 있었다. 그 변호사는 위조된 영수증에 대하여 어떻게 생각할까? 그래도 끝까지 가보려는 것일까? 궁금증이 인다. 영수증에 관해서는 아무런 반응이 없고, 대법원 판례가 어떻다는 사실만 길게 늘어놓은 준비서면 부본과 청구취지 및 원인변경신청의 건이 접수되어 있다. 매도인 인감을 위조하여 찍었고, 보증인 지문을 조작해 놓았다.

다음 재판이 기다려진다.

법나리 개나리 · 6

- 소송사건 일기

2023년 10월 10일 오후 1시 50분 3차 재판기일이다.

우리 측 준비서면에 아버지의 계약서 쓴 사실이 없다는 확인서를 제출했다. 2007년 받아 놓은 동네 사람들의 소유주 확인서도 첨부하였다.

오늘 재판의 결과는 어떻게 나올까? 속행일까? 변론 종결일까? 아침부터 염려가 된다. 하지만 좋은 결과가 있을 것이란 확신이 선다. 진실을 찾아오겠다는 것인데, 이것이 승소하지 못한다면, 나는 이 나라의 법치를 믿을 수가 없을 것이다.

이 글을 쓰는 이야기밥상 수업 시간에 재판이 진행되었다. 조금 있으니 우리 측 변호사의 문자가 떴다. 원고 측에 판사가 피고들이 매매계약을 다투는데, 추가 입증할 계획인지 묻자 변호사는 더이상 할 것이 없다고 하면서 결심을 구한다 했다. 피고 측도 더 할 것이 없으니 결심하여 달라 했다.

그리고 선고 일자는 2023년 11월 20일 오전 10:00라 한다.

대법원 나의 사건을 검색해보니 변론 종결이라 기록되어 있다. 여기까지 오는 시간은 일 년이 걸렸다. 민사사건은 2, 3년도 걸릴 수 있다 하니 늦은 것은 아니다. 하지만 소송을 해본 사람은 안다. 육체적, 정신적 에네지가 얼마나 소모되는가를. 진실이 아닌 것을 사실이라 하는데, 이것을 입증해야 하는 부담감은 또 얼마나 컸던가. 내 감정을 스스로 이기지 못해, 상한 내 속은 약으로도 치유될 수가 없다. 정직이 대접받고 살 때 밝은 사회의 따뜻한 웃음만이 특효약이 될 것 같다. 이제 이 사건의 끈을 놓아도 된다. 이 나라의 법이 제대로 시행되고 있다면, 결과는 염려하지 않아도 되겠지. 하지만 소송은 판결문을 받아봐야 아는 것이라고 한다.

그동안 법무공무원으로 정년퇴직한 정미숙 조카님의 한마디다.

"고구마 먹다가 목이 막힌 것처럼 답답했는데, 우리 측 준비서면을 보니 뻥 뚫린 기분입니다."

늘 옆에서 함께 고민해 주고 응원해준 우리 한국방송대 법학과 종친회 정창교, 정미숙 조카님 감사합니다.

결과가 어떻게 나올지 아직은 미지수지만, 좋은 결과 나오리라 믿으며, 명문장으로 법문을 써 준 우리 후배 변호사님, 고생 많으셨습니다.

그동안 나의 하소연을 참을성 있게 다 들어 주신 나의 지인님들께도 감사의 인사를 올립니다. 함께 해 주셔서 정말 고맙습니다.

* 첨언 : 2023년 11월 17일 담당 판사의 화해 권고 결정사항을 메일로 받았다. 예외의 결과가 나왔다. 법나리가 되길 기대했으나 개나리의 화해권고 결정사항이다. 법전과 정의 사이에 진실이 빠진 것 같다. 이런 판례의 선례를 깨고자 했던 나의 생각에 또 머리가 아프다.

생애 첫 머리 염색

세월의 흔적이랄까. 50대 후반에 접어드니 새치가 하나둘 보이기 시작했다. 남들은 '이제야 새치가 나는 것이냐?'며 부러워했다. 흰머리를 하나씩 뽑아내며 신기해하던 50대가 지나고, 이제 회갑을 맞았다. 60줄에 들어서니, 보이지 않는 곳곳에 흰머리가 군락지를 이루고 있었다. 이제 나도 흰머리를 이고 살아야 하는 나이를 맞이했구나. 사실 나보다 먼저 염색하는 친구들이 부지기수라, 그전까지 염색하지 않은 내가 오히려 이상한 취급을 받았다.

그래서 생애 첫 염색을 기억하기 좋은 날로 잡고 염색할 날을 기다리고 있었다. 그러다가 회갑 생일이 지나고 7월 10일 생애 첫 염색을 했다.

마침 둘째 딸이 사 놓은 염색약이 있어, 둘째 딸에게 머리염색을 부탁했다. 흔쾌히 허락하고 정성스럽게 뒷머리부터 빗으로 염색한다. 짧은 머리에 뭉텅뭉텅 발라대는 염색약이 아깝다는 생각이 들었다. 두 번 할 수 있을 것 같다.

"예진아, 장갑으로 샴푸하듯이 해봐."

"빗으로 이렇게 해야 염색이 잘 될 것 같아."

나는 둘째 딸에게 짜증 섞인 말로 말했다.

"그냥 대충해."

퍽퍽퍽 갑자기 거품이 버글버글한 염색약이 여기저기로 툭툭 튄다.

"뭐야."

"엄마가 이렇게 하라며."

나와 딸은 신경전에 돌입했다. 여기저기 염색약이 튀어 얼룩이 졌다. 짜증이 솟구쳐 올랐다. 안 지워지면 어떡하지? 물티슈로 지웠더니, 말끔히 지워진다. 마르면 또 얼룩이 지려나 살펴보았는데, 다행스럽게 흔적을 남기지 않았다. 그런데 식탁 위가 문제였다. '아 ~ 이 일을 어떻게 해.' 걱정하며 이런저런 약품들을 사용해 지워도 지워지지 않는다.

10분 후 머리를 샴푸하라는 설명서를 보고 얼른 머리를 감았다. 그리고 거울을 보니 새까만 인형머리가 거울 속에서 울상을 짓고 있었다. 아니 어쩌자고 이렇게 까맣담. 상품 표지를 살펴보니, 흑색이라고 쓰여 있다. 연한 갈색이었으면 했는데, 새까만 색이다. 또 짜증이 났다.

회갑 기념으로 미용실에 가서 폼 잡고 맘에 드는 색상으로 염색을 할 수도 있었다. 그런데 남편의 염색 부작용이 생각났다. 집에서 염색할 때는 아무 이상 반응이 없이 잘하고 다녔다. 그런데 첫째 딸 결혼식 전날 미용실에서 염색하고 나서 부작용으로 대학병원까지 다녀왔던 일이 생각났다. 지금은 아예 스님처럼 혼자 집에서 머리를 깎고 다닌다. 그러다 보니 '미용실 가는 시간에 집에서 염색하자.'고 결심했다. 미용실 비용도 비용이지만, 집에서 염색하는 것이 훨씬 간편할 것 같았다. 그런데 결과가 이렇다 보니, 또 '미용실에 가서 기분 좋게 염색할 걸.'하는 후회가 밀려왔다. 딸과 감정만 서로 상하고 난 후 늦은 후회다.

식탁 위 흔적은 며칠 후 보니 없어져 버렸다. 내 머리카락도 조금씩 물이 빠져 그 누구도 내가 염색했다는 사실을 알지 못했다. 딸에게 짜증나 있던 내 마음도 어느새 흔적 없이 사라졌다.

이제 흰 머리카락 한 올 보이지 않아, 눈을 치켜뜨고 거울 볼 일이 없다. 이렇게 편안한 것을 그렇게 잣대 대며 계획 세울 일이 뭐가 있다고, 세상 순리대로 살면 되는 것을…….

제발 1분만

- 막차

화사한 햇살에 눈부신 꽃잎들이 미소 짓는다. 꽃바람 봄바람 부는 고속도로를 달린다. 이제 막 세수한 듯 해맑은 모습으로 떠오른 아침햇살은 4월의 강력한 기운을 받아 5월을 맞이하고 있다. 새싹들의 보드라움과 강한 생명의 기운은 어린아이의 기운과 다르지 않다. 참으로 생기로운 계절이다.

진천에서 대중교통을 이용하여 포천을 가려면 서울을 거쳐야 한다. 편도 3시간 30분이 소요되니, 왕복 7시간이다. 산천유람을 즐긴다 생각하고, 길을 떠나는 것이 나를 위한 행복이다. 첫차를 타고 포천에서 일을 보고, 막차를 타려면 부지런히 일을 보아야 한다. 종종거리며 발이 얼얼하도록 뛰어다녀야 가능한 일이다. 그만큼 여유가 없는 것이다. 이럴 때 운전을 잘한다면 아주 편리할 텐데, 아쉽게도 나는 아직 운전 실력이 미숙해 동네만 다니는 초보요 고속도로는 두려움의 대상이다. 딱 한 번 딸이 살고 있는 동탄 신도시를 갈 때, 남편을 옆에 태우고 다녀 온 것이 고속도로 운전경력의 전부다. 그리하여 선뜻 나서기가 두려워 차를 두고도 대중교통을 택하게 된 이유다. 장거리 운전하기가 두려운 것이다.

봄날의 산천을 구경하며 서울에 입성하고, 수락산까지 지하철을 타고 수락산역에서 다시 버스를 갈아타고, 포천 송우리로 간다. 이사한 지 1년 6개월이 되었는데, 아직도 포천은 따뜻한 온기로 나를 반기고 있었다. 오늘 하루도 부동산 관련 일이라 다닐 곳이 많았다. 바로바로 일이 연결되어 일이 생각보다 빨리 끝났다. 지난번에 있었던 막차와의 시간 다툼에서 쓴맛을 본 기억이 있어 오늘은 순조롭게 일 처리가 끝나 여유롭게 막차를 기다린다. 남부터미널에서 기다리는 시간이 넉넉하다. 몇 주 전의 숨 막히는 막차 타기 줄다리기를 생각하니 오늘은 웃음이 난다. 피 말리는 시간 다툼을 한번 해보고 나서 갖게 된 1분의 소중함이다.

그날은 시간적 여유가 있었다. 포천에서 만난 인연, 이운순 언니를 만나 이야기를 나누다가 조금이라도 더 함께 있고 싶어 막차 30분 정도의 여유를 두고 버스를 탔다. 그래도 소요시간을 계산하면 30분은 여유가 있었다. 그러나 세상살이가 어디 뜻대로 되던가, 뜻하지 않은 돌발 상황이다. 예상치 않은 교통체증으로 30분의 여유는 사라져버렸다. 급속하게 하얘지는 머릿속을 정리하며 지하철을 탔다. 소요시간을 검색해 보니 간당간당하다. 아무리 계산하고 또 계산해도 1-2분 차이로 숨 막히는 계산이 나온다. '이러다 차 놓치면 어쩌려구~'하던 언니 말을 들었어야 했다. 지하철 정차역마다 시간을 재고 또 재도 한결같이 2분이다. 요행을 바라며 1분만 빨리 달려주기를 간절히 바라고 또 바랬다.

수락산에서 남부터미널까지 가는데 고속버스터미널은 환승역이다. 짧지도 않은 긴 역을 긴장하며 숨 가쁘게 달렸다. 다행스럽게 바로 갈아타기에 성공했다. 제발 1분만 빨리 가던지 1분만 막차가 지연 출발해 주기를 절박한 심정으로 빌며 남부터미널에 도착했다. 내리자마자 숨 돌릴 여분도 없이 뛰었다. 내 앞에서 젊은 청년도 1초가 다급한지 달린다. 숱한 계단을 오르며 청년의 뒤를 쫓아갔다. 청년은 순간 왼쪽으로 휙 돌더니 사라졌다. 거긴 엘리베이터가 있는 곳이다. 저곳이 빠를까 생각하면서도 혹시나 잘못된 길을 갈까 봐 계단을 쉼 없이 올랐다. 다리가 후들거리고 10kg 모래주머니를 달고 뛰는 것 같다. 심장은 터질 것 같고 입은 바짝바짝 마르고, 숨소리는 거칠어졌다.

이럴 때 축지법을 쓰거나 공중부양으로 날 수 있다면 얼마나 좋을까? 몸 따로 마음 따로 힘겹게 도착하고 보니 1분 지각이었다. 제발 1분의 염원은 공염불이 되어버렸고, 막차는 떠나고 없었다. 젊은 청년도 보이지 않는다. 무사히 차를 탄 것이라 생각되니 아쉬움은 더욱 커진다. 나도 그 엘리베이터를 탔더라면 상황은 바뀌었을까? 그랬다면 행여 막차를 놓치지 않고 탔을 거라는 생각에 아쉬움이 크게 남았다. 어둠 짙은 밤에 막차를 놓친 기분이란 참담했다. 친구도 친척들도 하룻밤 자고 갈 곳이야 많지만, 막상 예고도 없이 찾아가려니 불청객 같다. 더구나 집에 계시는 아버지도 걱정되고 다음날 출근도 걱정이다. '궁즉통'이라 했던가. 마침 가까운 동네로 가는 막차를 찾아보니 막차가 30분 후에 있었다. 하느님도 찾고 부처님도 찾고 모든 신께 감사하며 간신히 귀가한 일이 어제 일처럼 떠오른다.

오늘 그 길을 다시 다녀오면서 그때와 다르게 여유롭게 도착하여 막차를 기다린다. 남부터미널에는 지방으로 떠날 버스들이 즐비하게 서있다. 막차만큼은 제발 1분만이라도 늦게 출발했으면 하는 간절한 마음으로 관찰을 시작했다. 나의 간절한 마음과는 달리 단 한 대도 1분 늦게 떠나는 차는 없었다. 1분 전에 시동을 켜고 후진한다. 그리고 시간에 맞춰 출발한다. 내가 탄 버스만이라도 제발 1분만 늦게 출발하길 기도했지만 역시 마찬가지였다. 여유롭게 도착해 긴 시간을 기다리며 몸은 조금 지쳤지만, 터미널의 풍경을 관찰할 수 있어 좋았다. 1분의 여유가 주는 행복을 기다리며 마음을 달래는 것도 좋았다. 지금쯤 또 그 누군가가 가쁜 숨 몰아쉬고 달려오는 사람이 있을까?

지방으로 떠나는 막차만이라도 숨 막히게 뛰어올 누군가를 기다리는 1분의 여유를 보여줄 수는 없을까. 누군가의 절박한 희망이 될 수도 있는 1분, 그러나 상상 속에 아름다운 마무리는 없었다. 그 1분의 절박함은 겪어본 자만이 갖는 소회이리라. 1분 늦게 출발하는 막차였으면 좋겠다는 객쩍은 희망을 접고, 여유 있는 시간을 챙겨 행복하자. 5월의 신록 같은 푸르름이 웃는 오늘처럼.

제4부

우듬지처럼 자라는 새싹

코로나19 바이러스의 봄

봄 눈 내리는 이월에 매화의 가슴 같은 하얀 소망을 담아 새해의 푸른 꿈을 열어 본다. 2020년의 새 아침은 상처에 새살 돋듯 올망졸망 생명의 눈들이 여기저기서 솟아올랐다. 기대 찬 마음으로 새해를 맞는 설렘은 잔잔한 호수의 물결처럼 다가왔다. 호숫가의 나뭇가지에 물 흐르는 소식 들릴 쯤 중국 우한에서 날아온 폐렴 소식은 남의 일인 줄 알았다. 뉴스에서 소식이 전해질 때마다 '아~, 그렇구나.' 생각만 할 뿐이었다. 대수롭지 않게 생각했던 것이다.

우한에 있는 대한민국의 국민을 내가 살고 있는 충북혁신도시에 격리치료를 하겠다는 소식에, 봄의 향기에 심쿵했던 심장만큼 깜짝 놀란 진천군민들의 마음에 약간의 동요를 빚게 했다. 하지만 그들이 공무원 연수원에 왔을 때 그들을 이해하고 따뜻한 가슴으로 맞이하였다. 긴장한 2주를 보낸 진천군민들은 격리기간 동안 한 명의 발병자도 없이 무사히 귀가한 그들을 보고 안도의 숨을 쉬었다. 그리고는 자신감이 생겼다. 손 잘 씻고 마스크 쓰고 사람 많이 모이는 곳에 가지 않으면 된다는 생각이 힘을 얻어 갈 때쯤, 대구와 청도에서 터진 어느 교회의 집단 행사는 전국적으로 코로나19 바이러스를 전파시켰다. 무풍지대가 없는 곳이 되어버린 대한민국이다. 초기에 몇 명의 확진자만 있어 잠복기 2주만 지나면 진정되려나 했다. 하필 이 시기에 슈퍼전파자가 나타나 몇십 명에서 몇백 명으로, 이제 천 자릿수를 넘기는 일촉즉발. 기하급수적으로 확진자가 늘어나는 상황을 맞이한 것이다.

우한 폐렴이란 중국 우한에서 생긴 폐렴이라 그렇게 불렀는데 세계보건기구(WHO)에서 정식으로 붙인 이름은 세균의 모양새가 태양을 닮았다 하여 코로나19 바이러스로 명명하였다. 사스, 인플루엔자, 메르스보다 사망자 수는 적다고 하나 방심할 수 없는 상황이다. 인류를 위협하는 세균들은 언제나 있었다. 2000년대 들어서도 5~6년을 주기로 독감의 변종 바이러스로 대란을 겪었던 것이다. 코로나19 바이러스의 전파력은 1년 안에 전 세계 인구의 40~70%를 감염시킬 것이라는 뉴스는 소름 돋을 만큼 긴장하게 한다.

무엇보다도 경제적인 피해가 극심하다. 사람들이 모임을 기피하고 국가적인 행정업무도 사람이 모일 수 있는 행사는 모두 취소하거나 연기되어 길거리나 마트에 사람의 모습이 한산하다. 식당에도 카페도 사람 구경하기 힘들다고 하며 전국에서 다 모인다는 성남 모래네 오일장 시장도 당분간 문을 닫았다. 대기업의 신입 채용일정에도 차질이 생기면서 취업준비생들의 어려움이 있고, 산업현장에도 생산라인이 멈추는 피해가 속출하고 있다. 주식시장도 불안하여 2월 24일 일일 최고의 폭락을 기록했다. 사각지대인 일일 노동자의 하루살이 가난한 생명은 또 어떻게 포도청을 해결해야 할지 막연하다. 국제적인 행사는 더더욱 할 수 없다. 나라와 나라는 서로 인적교류를 회피하고 발병율이 높은 국가일수록 공항에서는 확진자로 대하는 듯하다.

이런 와중에 부산에 계시는 시어머님의 급작스런 토혈은 응급을 요했고, 119는 대학병원에 시어머님을 입원시켰다. 부랴부랴 진천에서 출발하여 부산에 있는 대학병원에 도착하여 출입문을 들어서니 체온계로 이마의 열을 잰다. 열이 없는 사람은 노랑색 스티커를 옷에 붙여준다. 입원실에 가려고 엘리베이터를 타려고 하니 보호자 출입증을 제시하라 한다. 보호자 한 명만 들어갈 수 있다며 교대하여 병문안을 하라 한다. “멀리서 왔는데 어떻게 안 되겠냐?”고 했더니 예외가 없으니 이해해 달라고 오히려 부탁한다. 경비아저씨는 의자도 없이 하루 열 시간을 서서 똑같은 이야기를 반복하고 있다면서, 딱한 사정을 말하는 환자 가족과의 실랑이에 눈이 충혈되고 피로한 기색이 역력하다. 이분들의 고충도 이해가 된다. 뒤로 물러나 주변을 살펴보니 오가는 모든 사람들의 입에는 자갈을 물린 듯한 말발굽 같은 마스크를 쓰고 있다. 하얀색 아니면 검정색이다. 모양새는 제각각이지만 대부분 3~4종으로 비슷한 모양이다. 코로나19 바이러스의 위력을 생생하게 체험하는 현장이다.

중학교 동창회 톡에는 아들 결혼식을 가을로 연기한다는 메시지와 또 다른 친구의 어머니 사망소식이 떴다. 모두 난감하기만 하다. 본의 아니게 내가 남에게 피해를 줄 수도 있겠다는 생각과 어디서 어떻게 전염 된 줄도 모르고 환자가 될 수도 있겠다는 불안감이 공존하는 시간에 갇혀 있는 나를 본다. 큰딸의 출산예정일이 5일을 넘기고 있다. 내일은 유도분만으로 애기를 낳자고 한다. 산후조리원과 병원이 함께 있어 다행이긴 한데 지금 상황으로써는 가족 면회는 물론 남편 면회도 안 될 수 있단다. 출산의 고통에 힘겨울 산모가 가족의 따뜻한 위로도 못 받고 텅 빈 병실에서 쓸쓸히 고통을 삭힐 생각을 하니 마음이 편안하지 않다.

새벽부터 놀란 가슴을 쓸어내리고 동동댔을 시누이와 교대하여 남편이 시어머님 병실에서 하룻밤을 지냈다. 남편의 아침을 준비하여 병원에 갔더니 영락없이 열을 잰다. 오늘은 빨강 스티커를 붙여준다. 더 이상 병원에 있을 수도 없는 상황이라 집으로 오는데 참았던 울음이 쏟아지듯 빗줄기가 억세게 내린다. 전국적으로 내리는 비의 강수량이 40~60mm라 한다.

산등성이에는 운무의 그림이 부풀어 오르고, 대지에는 묵은 시름을 씻어 내리는 빗물이 흐른다. 대한민국 곳곳에 쏟아지고 있는 이 꽃비가 세계적으로 번지고 있는 들불 같은 코로나19 바이러스를 씻어 가길 바라는 마음으로 두 손을 가슴에 모은다. 비가 잠깐 멈춘 사이 피어오르는 운무의 날갯짓은 희망을 퍼 나르는 두레박 같다.

주기적으로 독감의 변종인 전염성 강한 바이러스가 우리의 삶을 침범한다. 사스와 인플루엔자, 메르스가 우리를 덮쳤을 때도 우리는 호빵맨처럼 세균맨을 물리쳤다. 끝나지 않는 코로나19 바이러스와의 전쟁이지만 우리는 예방수칙을 잘 지켜 이겨내리라 믿는다. 우수 지나 내리는 눈보라나 비바람은 동지 지난 눈꽃과는 또 다른 설렘이다. 희망이 운무처럼 하늘로 오르고 봄은 오고 있다. 우아한 희망은 장자의 나비가 되어 꿈을 놓지 않는다. 매화의 가지에도 하얀 나비 떼의 군무로 활기찬 봄은 피어나리라.

솟아올라라 아기의 울음소리

여명이 창밖에 빛을 내밀면 아파트의 조명등 서서히 잠속으로 빠진다. 동녘의 빛이 밝아 올수록 가로등도 가멸거리며 꿈동산의 나라로 간다. 어스름 빛이 새벽의 나라에 오면, 새벽닭이 회를 치듯 아파트 공원에서 꿩 소리가 들린다. 아련히 들리는 저 소리는 태초의 광야에서 들리는 소리인 듯 허공에 퍼진다.

버무리고 치대는 아침의 해돋이 속에 어디선가 아기의 울음소리가 아련히 들려 나의 귀를 긴장하게 한다. 좀 더 고요함에 귀 기울여 보니 옆집인 듯 위층인 듯 주파수 초점이 맞지 않는다. 청진기로 촉진하듯이 고막을 모아 보니 옆집의 아기 울음소리다. '아~, 살만한 동네구나. 옆집에도 위층에도 갓난아기가 있으니.'

며칠 있으면 우리 집에서도 아기의 환한 옹알이가 들릴 텐데, 아기의 울음소리에 흐뭇한 미소가 민들레처럼 피어난다. 옆집 신생아가 병원에서 집으로 오던 날 우리 집 큰딸은 병원에서 아기를 낳았다. 코로나19 바이러스로 인하여 옆집 아기도 우리 집 아기도 볼 수는 없었으나, 울음소리는 들을 수 있었다.

병원도 산후조리원도 면회 사절이다. 산모의 마음을 생각하니 물 먹은

솜처럼 내 마음이 무겁다. 딱히 할 일이 없는 산모는 방문객도 없이 통신 매체로만 가족과 지인과 소통하고 하루 일과를 보낸다. 톡으로 보내온 아기 일상을 보며 우리는 즐거워한다. 아기는 신생아실과 산모 입원실을 잠깐 왔다 갔다한다. 그러면서 엄마의 목소리와 냄새를 맡고 배냇짓을 하며 온갖 재롱을 부린다. 주로 찡그리고 하품하는 모습과 자고 우는 행동이다. 자는 모습은 작은 천사가 세상에 나온 듯, 세상 모든 평화가 다 깃들어 있는 것 같다. 하지만 그 조그마한 생명이 무엇이 불편하지 조금만 마음에 들지 않으면 우렁차게 운다. 그 소리에 놀라 무엇이 불편한지 보살피며, 그 모습도 하하 호호한다. 우는 모습도 예쁜데, 빙긋이 웃는 배냇짓은 더더욱 사랑스럽다. 못생긴 아기는 있을지언정 귀엽지 않은 아기는 없는 것이다.

그 작은 발에 발가락이 다섯 개나 조롱조롱 달려있다. 봄날 고사리 피어나듯 손가락은 꼼지락거린다. 감은 눈은 깊은 심연에 잠들어 있는 듯 범접할 수 없는 신성함을 갖고 있다. 오뚝한 코는 이 지구의 기(氣)가 소리 없이 스며드는 듯하다. 들숨과 날숨으로 평온한 모습을 보이다가 온 세상 다 먹을듯한 입으로 하품한다. 울음소리 또한 우렁차 구강기의 위력을 확실히 보여 준다. 또래보다 먹기도 잘 먹어 키 클 걱정은 안 해도 되겠다 싶어 안심이 된다. 온갖 몽상 짓 동영상으로 감상하고 보고 또 본다. 찡그려도, 그러다 '앙'하고 울어도 살아 있는 힘을 보는 것 같아 위안이 되고, 미소 짓고 웃는 모습은 보약이 된다.

산모는 아기가 잘 생겼나 못생겼나에 마음이 쏠리는 듯하지만 그 마음도 잠깐이리라. 나도 첫아기를 낳고 아기가 인형같이 예쁠 것이라 꿈꾸었다. 산고를 이겨내고 아기를 보니 이건 뭐지? 하는 생각을 했다. 그 마음을 딸도 물려받은 것인지 모르겠다. 자꾸 누굴 닮았는지 물어보는 것이.

"엄마는 욤욤이(태명)가 누굴 닮은 것 같애?"

"다 닮은 거 같아."

"그럼 애기치고 예쁜 거야 아니야."

"?"

"왜 대답을 안 해."

산모는 아버지를 보고 또 물어본다.

"아빠, 애기 예뻐 안 예뻐?"

"애기가 이만하면 미스코리아지, 이렇게 예쁜 애기가 어딨냐?"

옆에 계시던 시어머니가

"엄마한테도 물어보더니, 아빠한테도 물어보네. 왜 그래."

"엄마가 아무 말도 안하잖아요. 엄마는 거짓말할 줄 모르거든요."

나는 속으로 '예쁜 마음으로 키우면 세상에 안 예쁜 아이가 어디 있겠니. 우리 힘을 합쳐 잘 키워 보자.' 응원의 기를 보내고 있었다.

이제 나도 할머니가 되었으니, 무조건적인 사랑보다 눈높이를 맞추어 함께 사는 공존의 삶을 살고 싶다. 선의의 경쟁에 이기라고, 승리하라고 응원을 할 것이 아니라 스스로를, 자신을 이겨내라고 응원하고 싶다.

아기의 울음소리가 들리는 건강한 사회에 살고 있는 사람은 충만한 기를 받고 행복하리라. 인구절벽의 시절에 강아지를 안고 다니는 사람보다 아기를 안고 다니는 사람들이 더 많아지고, 행복하기를 바란다. 젊은이들이 결혼이란 울타리에서 안식을 얻고 기쁨을 얻기를 바라는 마음 간절하다. 나는 아기 울음소리 넘치는 행복한 동네에 살고 있음에 감사한다. 옆집에서도 윗집에서도 행복의 멜로디 은은히 들려오는 아침에 솟아올라라 아기의 울음소리여.

봄에 솟아오른 희망

봄 같은 겨울 날씨를 보내고, 겨울 같은 봄 날씨를 맞았다. 모처럼 내린 귀한 눈을 맞으며 즐거운 시간을 되새김해 본다.

눈도 바람도 어디로 출장 갔는지, 2020년 1월은 따뜻하여 소한에 겨울비가 내렸다. 동장군의 기세가 대단한 대한도, 설날도 포근하게 잘 지나갔다. 입춘을 맞이하자, 따뜻하던 겨울이 갑자기 춥기 시작한다. 꽃샘추위는 누구를 시샘하는 매운 맛인지, 가늠하기가 어려웠다. 하지만 '이제 봄이 오는데, 추우면 얼마나 추울까. 추워 봤자겠지.'라며 스스로를 토담토담하며 싸늘한 봄바람과 산책을 나섰다.

예고하지 아니한 봄눈은 기생충 같은 바이러스를 불러와 '태양모양의 옷'을 입고 중국 우한에 집을 지었다. 반갑지 아니한데 번식력은 빨라, 여러 사람의 몸에 불을 질렀다. 열나는 폐렴은 손닿는 곳곳에 만지기만 하면, 비말이 튀기기만 하면, 신나게 춤추며 동반자로 데려갔다. 대한민국에 들어 온 코로나19 바이러스는 미미하게 사라지는 듯하더니, 한 교회의 집단행사에서 기하급수적으로 전파되는 위력을 발휘했다. 오던 봄이 되돌아가는듯한 분위기다.

거리에는 사람의 그림자가 없고 차량행렬도 줄었다. 도서관은 휴관을 하고 학교는 휴교했다. 바람은 휑한 빈 거리를 무법천지로 춤추고 있다. 그나마 다행인 것은 공기로 전파되지 않는다는 것이다. 기침이나 재채기, 그리고 말할 때 침에서 나오는 방울 즉 비말이라 한다. 예방하는 방법은 마스크를 쓰고 손을 비누로 30초 이상 자주 씻는 것이란다. 간단한 것 같은데, 발병률이 높은 것은 마주 보고 이야기할 때와 무심코 잡은 문손잡이나 물건들이다. 잠복기가 2주라, 확진자가 되기 전에는 본인도 스스로 발병자임을 알 수 없는 무증상자도 있다. 세계보건기구인 WHO는 1년에 코로나19 바이러스의 전파력은 1년 안에 전 세계 인구의 40~70%를 감염시킬 것이라 한다.

이런 시국에 만삭이 된 큰딸의 출산예정일이 6일을 넘기고 있었다. 유도분만으로 아기를 낳자고 하여 입원했는데, 보호자는 한 사람만 허용된단다. 남편만 함께 있을 수 있고, 양가 부모들은 각자의 집에서 소식이 오기를 기다리고 있었다. 아침 일찍 약간의 진통이 있어 준비물을 챙겨 병원에 갔다한다. 10시가 되어도 12시가 되어도 아기는 나올 생각을 안 한단다. 제왕절개로 분만하자고 하여 수술하기로 했다는데, 수술 시간은 4시 30분. 이럴 줄 알았으면 출산예정일에 수술할 것인데 아쉽기도 했다.

시간적인 여유가 생기자 사주책을 뒤적였다. 시간을 맞춰보니 수술예정시간이 신시(申時)라 그 안에 태어나면 좋을 것 같다. 괜히 혼자 바쁜 마음에 사위에게 전화를 했다. “아기가 5시 안에 나오면 좋은 시간일 것 같으니, 되도록 빨리 수술실로 가라”했다. 기도와 긴장으로 기다림의 시간은 촉수를 곤두세우고, 톡 소리에 귀를 열어 놓았다. 창 밖 아파트 정원 소나무 위에는 까치 한 쌍이 목청껏 노래를 부르고 있다. 노랫가락은 반가운 손님 맞을 준비를 하라는 암시로 들렸다. 하찮은 까치의 소리마저도 좋은 일의 징조로 여기고 싶어 녹음했다. 기다림의 시간 오후 4시 44분에 출생

시간을 찍고 태어난 첫 손녀의 얼굴이 손전화 톡 화면에 떴다. 빨갛게 익은 사과 같은 얼굴이 입을 벌리고 다가온다. 골격 튼튼해 보이는 아이는 이 세상 지구의 공기를 마시고 있다고 당당히 신고식을 하고 있다.

보고 또 보고 아무리 봐도 생명의 신비함은 한 번의 생각으로 정리할 수가 없다. 억겁의 세월에 농축된 긴 인연의 끈을 한꺼번에 풀 수는 없기에, 천천히 보고 또 보아야 한다. 아직은 해독 불가능한 미소를 짓다가, 울다가 하는 행동을 언어로 판독 할 수가 없다. 알려야 할 친지들에게 소식을 전했다. 산모와 아이에게 격려와 응원의 메시지가 깨톡깨톡한다. 코로나바이러스와의 전쟁에서 코리아가 질 수는 없잖아. 코리아에 태어난 첫 외손녀의 모습에서 이 모든 것을 이겨내리라는 희망을 봄꽃과 함께 품어 보았다.

출생 하루가 지나 외손녀의 팔십이 넘으신 증조부께서는 사주에 맞춰 아이의 이름을 지어와 톡에 올려놓았다. 사주에 불의 기운이 없어 이름에서 보강해야 한다며 한자 이름에 불화(火) 변이 들어가는 이름으로 소현과 서현 그리고 하현이라는 이름을 보내셨다. 그 이름들을 보는 순간 나는 딸아이의 이름과 나의 이름이 하나씩 조합되어 있는 소현을 보고 소정 + 현경 = 소현이라는 이름을 톡에 올리며 미소를 지었다. 왜 엄마 이름과 조합이냐며 기다려 보자는 딸아이의 답은 아직 미지수지만 박소현이 되지 않을까 짐작해 본다.

2020년 봄은 아름다움으로 치장한 봄꽃들의 축제로 활기찬 계절의 진미를 맛있게 먹고 즐길 줄 알았다. 꽃이 피기도 전에 코로나19 바이러스의 활동으로 경제적인 어려움이 사회 곳곳을 막고 있을 줄 새해에는 예측도 못 했다. 해돋이에 소망을 기원하듯 이제는 봄의 기운으로 다가오는 봄을 양손에 받아 소담히 피어나게 하리라. 바이러스는 사라지고 꽃은 피어 화사한 웃음이 아지랑이 햇살에 스미듯 이 봄이 오리라는 것을, 위기의 봄에 선물로 온 외손녀의 출생에 꽃보다 더 환한 생명에 대한 경외감을 갖는다. 삶의 원천수 행복바이러스를 희망으로 안고 꽃샘추위에도 아랑곳 않고 이 땅에 온 외손녀에게 새싹의 꿈을 키워 본다. 아무리 겨울이 혹독해도 봄은 오고, 절망과 시름이 넘쳐나도 생명의 희망은 꺾을 수 없다. 봄에 솟아오른 희망둥이를 옆에 끼고, 햇살 같은 사랑을 나누며 알싸한 봄바람과 길을 걷는다.

* 추신 : 외손녀의 이름은 박서현으로 확정됨.

까만 국수

새싹 돋는 파란 마음 하늘높이 날리며
나비 따라 아장아장 꽃잎 쫓는 세살 아이
봄에게 마음 빼앗겨 하세월 켜고 있네

하얀 꽃 노란 꽃 봄 속에 파묻혀서
색깔 꽃놀이하다 배고픈 서현에게
무엇이 먹고 싶나요?
묻자마자 "까만 국수"

봄이 아장아장 걸어오는 햇살 좋은 날, 색깔놀이를 하는 아기가 봄나들이한다.

엄마 손도 뿌리치고, 봄길 속으로 들어간다. 햇살도 아지랑이도 봄꽃들도 마냥 신기한 바깥놀이다. 봄 날씨만큼 신나는 아이다. 하얀 눈송이 같은 꽃잎이 바람 타고 휘날리면 종종거리며 달려간다. 뒤뚱뒤뚱 아슬아슬한 모습은 아이의 말솜씨같이 귀여운 모습이다.

노란 민들레꽃을 발견한 아이의 기쁨은 이루 말할 수 없다. 노란 꽃잎을 살피던 아이는 뚝딱 꽃을 꺾었다. 손가락에 반지처럼 끼워 자랑스러워 하다가 "엄마, 이거 봐." 소리친다. "꽃을 꺾으면 꽃도 아파요, 꺾으면 안 돼요." "응." 엄마의 말소리를 제대로 알아듣기는 한 모양이다. 집 주변 공원의 연못도 아이의 즐거운 비명이 터지는 곳이다. 색색의 잉어들을 들여다보며 까만색, 빨간색, 노란색의 물고기가 나왔다고 싱글벙글한다. 순서 안 맞는 숫자 놀이도 맘대로 세어 본다. 하나, 둘, 셋, 다섯, 넷, 일곱, 여덟, 열을 세면서 팔딱팔딱 걷는다. 연못 위 테크를 쿵쾅쿵쾅 뛰어가면 물고기가 그 소리를 듣고 모여든다.

지나가던 강아지도 친구하자며 종종거리고 다가온다. 만지고 싶지만 "멍멍."하는 소리가 무서워 살짝 피하면서 사라질 때까지 지켜본다. 집에서 키우는 고양이 생각이 나는지 "야 ~옹 야옹."한다.

무궁화동산을 지나 두레봉 공원 잔디밭을 뛰어가다가 엎어진다. 깜짝 놀란 엄마는 "괜찮아"하며 살펴본다. 훌훌 털고 일어나 깔깔거리며 또 달리다가 엎어진다. 엄마가 다가가면 또 일어나 달린다. 관심받는게 좋은지 반복에 반복을 거듭한다. 달리고, 뛰고, 웃고, 놀다보니 배가 고프다. 주변의 새들도 배고프다고 노래를 한다.

"서현아, 우리 맘마 먹을까?"

"응."

"뭐 먹고 싶어?"

"까만 국수"

"까만 국수? 그래" .

.

.

우리는 자짱면 집으로 갔다.

웰다잉(well-dying)을 꿈꾸며

매년 색다른 계절을 만끽하며 하루하루의 생활 속에 점 하나를 찍어가며 내 삶의 페이지를 모자이크하고 있는 오늘이다. 모진 겨울의 추위를 이겨내고 맞이하는 봄이 오면, 화사한 꽃들에게 마음을 빼앗기기 일쑤다. 가지들만 치렁치렁 바람에 곡을 하던 나목의 몸피에 계절의 옷을 입히는 것도 봄이다. 봄이 되면 내가 또다시 다음 해의 봄을 맞이할 수 있을까 하는 생각이 드는 나이가 되고 보니, 웰다잉에 살짝 호기심이 일어난다.

웰다잉 즉 잘 죽기 위해서는 건강하게 잘 살아야 하고(웰빙), 정신적 도덕적으로도 건강해야 하며(웰리빙), 잘 늙어가는 것(웰에이징)이 웰다잉을 하기 위한 준비라는 것이다. 죽음이라는 것을 갑자기 당하지 말고 죽을 준비를 하자는 것이다. 태어나는 것은 순서가 있지만 죽는 것은 순서가 없기 때문이다. 그러기 위해서 학생들도 죽음에 대한 교육을 받을 수 있어야 하고 죽음이란 슬픔을 이겨 낼 수 있는 정신력을 길러야 한다. 하지만 아직 우리사회는 죽음을 외면하고 싶어 한다. 죽음은 공포와 두려움의 대상이 아니라 또 다른 삶으로 가는 하나의 통로로 여길 수 있는 정서를 마련하면, 마냥 무섭고 암울하지만은 않을 것이다. 죽음을 연구하여 심리적 5단계를 정립한 엘리자베스 퀴블로 로스는 암 환우에게 보내는 편지에서 "우리의 몸은 나비가 되어 날아오를 누에처럼 아름다운 영혼을 감싸고 있는 허물이란다."라고 했다. 죽음을 두려워 말고 우리가 가야 할 길을 가는 또 하나의 길이라 생각하며 맞이하자는 것이다.

아무래도 죽음이란 나이가 들수록 더 깊은 생각을 하게 한다. 인생의 봄을 맞이하고 여름이 지나면 결실의 가을이 온다. 계절의 순환 속에 매서운 겨울도 지나쳐야 한다. 겨울 없는 봄은 없기 때문이다. 삶이 평탄할 수만은 없기에, 우리에게 닥치는 시련도 나를 단련하는 또는 나의 뿌리를 더욱더 깊게 만드는 과정이라 여긴다면 헤라클래스의 시련처럼 이겨낼 수 있으리라. 연세 많으신 부모님이나 시한부 선고를 받은 가족이 있다면, 웰다잉에 관심이 많을 수밖에 없다. 나도 신체 불편한 아버지와 폐암 투병중인 미혼의 남동생이 있어서 웰다잉에 대해 관심이 쏠렸다.

웰다잉 협회의 교육을 받고 사전연명의료의향서 상담사가 되어 노인정을 찾아다니며 웰다잉과 관련된 이야기들을 한다. 죽음이라는 쉽지 않은 이야기를 귀 기울여 들어 주셨다. 사전의료의향서를 작성하시는 것을 보면서 부모 마음은 한결같이 자식 사랑으로 이어지는 것을 보았다. 사전의료의향서를 작성하는 가장 큰 이유가 자식들에게 짐이 되지 않기 위해서라고 한다.

그런데 진작 나의 아버지와 동생에게는 웰다잉에 대해서 한마디도 하지 못했다. 죽음이 목전에 있는 것 같은 부모형제에게 이야기를 한다는 것이 얼마나 부담스러운 일인지 말이 입 밖으로 나오지 않았다. 생각만 해도 울컥 목이 메이고 가슴이 먹먹해져 버렸다. 결국 한마디의 말도 못하고 동생을 저세상으로 보내고 위안받은 것은 나였다. 죽음이 끝이 아니라, 새로운 시작이라고 생각하기 때문이었다. 이후 동생을 꿈속에서 만났는데, 생전의 모습과 성질은 그대로였다. 활기찬 모습에 위로가 되었다.

이제 나의 죽음을 어떻게 준비할 것인지 생각해봐야겠다. 웰다잉은 준비하는 삶과 화목한 삶, 의미 있는 삶, 정리하는 삶 모두 중요하지만 잘 죽기 위해선 잘 살아야 한다. 잘 살기 위한 웰다잉 십계명도 찾아보았다. 그 중에 버킷리스트와 자서전 쓰기에 관심을 갖고 내 삶의 중간단계를 점검해 보는 것도 의미 있는 일이다. 이제부터 내가 하고 싶은 일이 무엇인지 죽기 전에 후회하지 않게 정리해 보는 것이다. 자서전을 출간하고 버킷리스트를 만들어 화장대 거울에 붙여 놓고 흐뭇한 마음으로 읽어보는 것이 일과가 되었다. 아이들 키우느라 절박하게 살아 온 삶을 마무리하고 여유를 즐기고 싶어 모든 정신적인 노동을 강요하는 일에서 탈피하고 싶었다. 버킷리스트 중 '18세 프로젝트' 기부하기가 나를 다시 기운 차리게 한다. 경제적인 도움이 절박한 그들에게 내가 조금이라도 유익한 일을 해 보고 싶은 것이다. 보육원을 나와서 각자 독립적인 생활을 해야 하는데, 그들에게 주어진 국가보조금은 오백만 원이다. 집을 구하고 살림살이를 장만해야 하는 아이들의 절박함을 생각하니 여유를 누리고자 하는 호사가 부끄러워졌다.

매년 돌아오는 세월을 살고 또 살면서, 죽음이 오늘 올지 내일 올지 한치 앞을 알 수 없다. 이런 삶 속에 기생하지 않고 상생하며 공생하는 삶을 살고 싶다. 그래서 나는 오늘도 내 삶의 모자이크에 흔적을 남기는 점 하나를 찍는다. 웰다잉의 의미를 새기며 나를 다독이고 있다. 계절의 수레바퀴가 돌고 돌아오더라도 늘 새로운 삶을 살고 있는 나를 만나고 싶다.

죽음이 언제 오더라도 겸허히 맞이할 수 있는 나의 영혼과 함께 이 세상 소풍 끝나는 날 웃으며 아름다운 마무리를 꿈꾸고 싶다.

버킷리스트 실행하기

웰다잉에 대한 교육을 받고 연명의료의향서 상담사 활동을 2년 정도 했다. 웰다잉 교육을 받을 때 작성한 버킷리스트 중에서 꼭 지키고 싶은 것이 '18세 프로젝트' 돕기였다. 살아서 실천하지 못한다면, 죽을 때 가장 먼저 후회할 것 같았다. 그래서 좀도리 쌀을 모으듯 별도의 기부금 통장을 만들었다.

2021년 12월 연말을 전후하여 예금을 찾아 청주시의 현양원을 찾아갔다. 눈 쌓인 현양원 주변은 아름다웠다. 코로나19가 한창이라 사무실에서 기부금 백만 원을 전달하고 살림도구(그릇 등)를 기증했다. 이사장님은 아이들이 생활하는 내부 모습을 보여주지 못해 미안해했다. 지나다니는 학생들의 표정을 보니 밝다. 이사장은 고등학생 아이들의 현황을 알려주었다. 기부의 종류를 여쭤봤다. 매월 얼마씩 지정한 학생에게 통장으로 이체하면 정부보조금이 2배로 적립된단다. 예를 들어 매월 10만 원씩 기부하면 그 고등학생에게 매월 30만원이 적립되어 퇴소할 때 360만 원이 자립자금에 보태진단다. 그런 좋은 제도가 있다니, 우리나라 정말 좋은 나라라는 생각이 들었다. 퇴소할 때 500만 원으로 사회생활의 첫발을 내디디기에는 얼마나 어려움이 많을까 하는 것이 늘 나의 걱정이었다. 내가 엄마를 일찍 여의어서 그런지 항상 마음이 쓰였다. 두 명의 학생에게 후원하겠다는 약속을 했다. 2022년 1월부터 2023년 2월까지 자동이체로 후원금을 보냈다. 2023년은 주택대출자금 상환으로 후원하지 못하고 있다. 다행스럽게도 퇴소 시 정착자금이 상향되었다는 기쁜 소식도 들렸다.

둘째 딸이 고등학생이었을 때, 기부활동 동아리를 만들어 유니세프에 기부하는 활동을 보았다. 일일찻집 도구를 챙겨 갈 때, 모금함에 일만 원을 넣어주었다. 그날 30만 원 정도를 모금해서 유니세프에 보냈고, 그 이후로 딸은 매월 7천 원씩 기부했단다. 작은 충격을 받았다. 자식들 밥 세 끼 먹이기도 벅찬 나는 아무것도 할 수 없었다. 둘째 딸 예진이에게 이렇게 예쁜 마음이 있다니, 그것으로 위안을 삼았다. 예진이는 직장을 다니면서 금액을 상향하여 오늘까지 계속 자동이체를 하고 있단다.

2020년 알게 된 고조부의 통 큰 기부를 알게 되었다. 쌀 천 석을 기부한 고조부의 일화를 알고, 그분의 후손으로서 가만히 있을 수가 없었다. 십시일반 작은 도움이 때로는 큰 힘으로 다가갈 수 있듯이. 짧은 기간이지만 현양원을 찾아간 나의 용기를 스스로 칭찬해본다. 나의 버킷리스틀 조금이나마 채울 수 있어서 위안을 얻었다. 앞으로도 졸도리 같은 활동으로 기부활동은 계속하고 싶다. 전화 한 통으로 후원하기도 좋은 기부제도다. 부담도 적고 즉석에서 바로 할 수 있어서 좋다. 차 한 잔 덜 마시고, 식자재 하나 덜 사면 한 달에 한 번은 큰 부담 없이 기부할 수 있어 좋다.

우리 모두 다 소중하기에 다음 글귀를 되새겨본다.

아프리카의 우분투(ubunto) 정신

I am because you are.(네가 있기에 내가 있다)

아프리카의 속담

If you want to go fast, go alone.(빨리 가려면 혼자 가고)

If you want to go far, go togerther.(멀리 가려면 함께 가라)

봄이 왔는데 아직은

고층 아파트 창문을 열고 따끈한 온돌매트 위에서 창밖의 봄 기운을 즐긴다. 아직은 쌀쌀한 날씨여서 이불로 목을 감싸고 드러누워서 올려다 본 하늘. 구름이 그리는 그림은 해독불가다. 하지만 머잖아 봄 동산에 울려 퍼질 봄의 재롱잔치를 기다리는 소녀의 마음이 된다. 창밖 하늘은 희망이다.

재롱부리며 살겠다던 남편과 살아온 지 30여 년. 재롱은 어디 가서 부리는지 알 수 없고, 던지는 것마다 가시덤불이고 받은 것마다 상처투성이다. 잘해준다고 하는 것도 화근이니, 다음을 말해 무엇 하리. 문제집만 던져 놓고 '나는 모르리'로 일관하는 남편과의 하루살이 생활이 30여 년이다. 그러던 어느 날 읽었던 글 한 편이다.

호랑이와 소가 너무 사랑하여 결혼을 했다. 서로를 위하는 극진한 마음에 소는 가장 신선한 풀을 호랑이에게 대접하고, 호랑이는 가장 맛있고 신선한 고기를 소에게 대접하며 살았다. 하지만 결국 이혼하고 말았다는 이야기를 읽고 내 이야기 같아서 무릎을 쳤다. 이제 달관하고 그러려니 하고 사는데, 가끔씩 파고드는 억울한 마음은 나도 어쩔 수 없다. 왠지 억울하고 비관스런 마음은 비울 수가 없다. 호랑이와 소의 결혼이야기가 주는 교훈처럼, 이젠 내가 하고 싶은 일을 하게 뒷받침해 주면 좋을 것을, 남편은 여전히 자기 방식을 고수한다. 내가 좋아하지도 않는 골프를 배우라며 연습티켓과 골프채를 무리해서 사 왔다. 갑작스럽게 받은 선물을 물릴 수가 없어서 팔자에 없는 호사를 누려 보기로 했다.

무엇이든 하면 제대로 해야지 싶어 연습장에 매일 출석했다. 2주일 열심히 운동을 해 보니 다른 것은 모르겠지만, 바른 자세로 걷는 데는 큰 도움이 되었다. 목동도 아닌데 내가 목동처럼 막대기로 돌 치는 시늉을 해대는 내 모습이 우습기도 했지만, 두 눈 크게 뜨고 선생님의 가르침에 따라 폼생폼사를 해보았다. 그럭저럭 2주일이 지나고 일주일 명절 연휴를 쉬고 첫날 연습 도중 뒷땅을 쳤는지 이유 없이 등짝이 아프기 시작했다. 갈비뼈 골절 같다는 예감이 들었다. 엑스레이로 골절이 안 나올 수도 있다 하여 초음파로 뼈에 금이 갔는지 검사를 했다. 그런데 뼈가 부러지거나 금이 가지는 않았다. 스트레칭 열심히 하고 계속 운동하면서 근육통을 풀라는 의사의 조언을 들었다. 약 먹고 운동을 해도 근육통은 풀리지 않고 점점 통증이 심해졌다. 다시 병원에 가서 엑스레이를 찍었다. 갈비뼈 2대가 험상궂게 부러져 있었다. 갈비뼈 골절 경험이 많은 나의 직감은 적중했다. 할 수 없이 입원했다.

입원 중 검사하는 과정에서 목에 커다란 종양이 발견되었다. 근심이 더욱 커졌다.

걱정과 무기력한 입원생활에서 밤마다 창밖으로 보이는 불빛은 내 삶에 호기심을 일으켰다. 날이 밝아 오자 환자복을 입은 채 간밤에 신비하게 바라보았던 미지의 그곳을 찾아 나섰다. 그곳은 조명희 문학관과 도서관이었다. 자서전 작가과정과 시창작 교실을 만난 것도 이 용감한 호기심의 발로였고 오진으로 병을 키운 의사와 남편의 합작품이었다.

낯선 곳에서의 삶에 활기를 불어 넣어 갑자기 바빠진 진천에서의 1년은 『바람은 썩지 않는다』는 자전에세이집과 『우화의 날갯짓』이라는 시집을 출간하게 했다. 그리고 목에 있는 종양을 아니 너무 커서 종괴라고 하는 무증상의 혹을 제거하는 수술을 했다. 남편이 던지는 가시덤불이 때로는 화를 제거하고 복으로 가는 길이 되기도 하니, 아이러니하게 오늘까지 살아 온 것이 아닌가 하며 스스로 위안의 시간을 가져 본다.

봄은 왔는데 아직 바람은 싸늘하다. 하지만 봄바람은 무섭지 않다. 동장군의 위세가 사라진 봄바람쯤이야 아무리 추워도 재롱잔치 아니겠는가. 남편의 재롱은 사라졌지만, 봄바람이 가져 오는 나의 몸짓 바람은 방안에 불어오는 신선한 봄바람인 것을.

또다시 다가올 시련과 맞붙을 나의 봄 창문을 활짝 열어본다.

또또또 진갑여행

우리나라 사람들은 태어나면서 한 살을 먹고 세상에 나온다. 생명이 수정되는 순간부터 인격체로 대접해 주었다. 열 달을 엄마 몸속에서 보호받고 자라는 동안, 천성을 기르는 태교 교육을 받는다. 그동안 우리나라는 뱃속의 태아나이를 생각해 태어나면 1세로 시작했지만, 윤석열 정부에 들어서는 서양처럼 태어나는 순간부터 만 0세로 시작한다.

우리나라도 2023년 6월 28일 만 나이 통일법이 발효되었다. 나이가 한 살 적어졌다며 좋아할 뿐, 아직 나이를 제대로 계산하여 사용하는 데는 어색하다. '새해 떡국이 아니라 생일 미역국 먹을 때마다 나이를 먹는 것'이라며 정부도 만 나이 홍보에 힘을 쓰고 있다. 하지만 2010년 좌측통행에서 우측통행으로 정책이 바뀐 뒤에도 혼란이 있었던 것처럼 만 나이 제도도 당분간 혼란이 있을 것이란 예측을 해본다.

1963년생인 나는 올해 우리나라 나이로 회갑이다. 회갑은 띠로 계산을 하여 12띠가 5번 돌고 돌아오는 갑자 첫해라 만 나이 계산법과는 연관이 없다. 나는 1962년생들과 함께 학교를 다녔다. 그 친구들이 작년에는 회갑여행을 제주도로 갔다. 동창들의 회갑기념에 덤으로 묻혀서 여행을 다녀왔다. 회갑여행을 마무리하면서, 진갑여행을 가자는 계획을 세웠다. 그럼 나는 회갑여행을 자연스럽게 다녀 올 수 있다. 속으로 쾌재를 부르며 따라나섰다.

올해는 목포(유달산, 갓바위, 해상케이블카), 해남(땅끝전망대), 완도(보길도 고산 윤선도 유적지), 진도(명량해상케이블카, 진도타워, 운림산방)의 명소를 둘러보았다. 시조 공부를 하면서 내가 가장 좋아하는 오우가의 작가 윤선도와 관련된 여행지라 알차게 다녀오고 싶은 마음이 생겼다.

말만 들어도 상큼한 바람 소리가 이는 것처럼 시 한 편을 지어야겠다는 녹우당(비 떨어지는 소리를 듣고 아침에 나가보니, 푸른 나뭇잎이 떨어져 있어 녹우당이라 지었다 함)과 도가의 사상이 푸른 숲에 녹아 안개로 운림한 듯한 소치 허련의 운림산방. 이순신 장군의 울돌목 명량대첩이 이 나라 백성임을 톡톡 깨워주며, 마음 한켠으로 들어왔다. 운림산방의 마루에 걸쳐 앉은 친구들의 모습을 보자 송순의 시조 한 편이 불쑥 튀어 나왔다. "십 년을 경영하여 초려삼간 지어내니 나 한 칸 달 한 칸에 청풍 한 칸 맡겨두고 강산은 들여놓을 곳 없으니 둘러놓고 보리라"

서울 수도권 친구들과 중부권 친구들 그리고 진주권역 친구들을 합하니 24명이었다. 인도네시아에서 2년째 참석하고 있는 정인석 친구를 합치니 25명이다. 물 중에서 가장 좋은 물이 선물이라는데, 친구들 한 명 한 명 선물을 꼭 챙겨오는 인석 친구의 열정도 대단하다. 월 오만씩 적립된 회비로 추가 분담금 없이 여행사를 통하여 여행을 갔다. 기부천사 친구들의 기부행위가 있었기에 더욱 풍성한 여행이 가능했다.

여행사가 일정표에 따라 방문 장소와 입장권 예매 등 모든 일을 대행해 주니, 여행이 즐거웠다. 밥걱정 집 걱정 떨쳐 놓고, 맛집 따라다니며 차려주는 밥상에 경치 좋은 곳에 내려주고, 맑은 공기 마시며 힐링하는 3일 동안은 내가 누구인지 알려고 할 필요가 없었다. 가족여행도 때로는 힐링이 아니라 노동이 되는 경우가 허다하다. 동우회나 직장에서의 여행도 마음이 편치 않을 때가 있다. 그런데 시골 동창생들의 단체여행은 살아오면서 쌓이고, 묵혔던 감정들이 친구들의 우스갯소리에 훅훅 날아갔다. 아팠던 병들이 씻겨나가는 것 같다며, 우리는 좋아라 박수를 쳤다. 사실 좋은 음식과 보약보다도 마음 터놓고 지낼 수 있는 친구가 우리의 몸과 마음을 치유한다는 사실이 있다고 한다. 이번 여행으로 아팠던 친구들이 여행하면서 많이 치유되었다며 이미순 친구는 적극적으로 홍보활동을 한다. 아무에게나 던질 수 없는 막말도 여기서는 폭포수처럼 터지는 웃음치료제가 된다. 뱃가죽이 뺏뺏해지도록 웃고 나니, 속에서 멍들고 아팠던 이유 모를 병들이 도망을 치고 말았다.

품바에 육자배기, 공자 맹자까지 함께 뒤범벅되어 우리를 웃긴 옹헤야 타령의 신명철 친구. 이제 하나의 전설이 되어 우리가 삶의 끈을 놓을 때까지 우리의 보약이 되어 우리를 웃겨 줄 것 같다. 보약 같은 친구들의 아쉬움은 또또또 진갑여행을 가자며 내년의 여행계획을 세우고 있다. 이제부터는 끝나지 않을 웃음 치료제 하나가 우리들의 생명을 연장시켜줄 것 같다. 이미 아픈 친구도 있어서 마음이 조금 무거웠다. "친구야 힘내고 또 진갑여행에는 꼭 함께 가자. 가서 치유의 기를 받아 보자." 함께한 친구들아, 낙오자 없이 끝까지 웃으며 견우직녀 만나듯 또또또 끝없는 진갑여행 놀이를 해보자. 걸을 수 있고, 볼 수 있는 것이 기적이라는 사실을 우리는 이미 알고 있지 않는가? 그러기에 더욱더 값지고 행복한 우리들의 여행이었다.

살아있기에, 의미 있는 삶을 살고자 노력하는 총동문회장인 권해규 친구가 장학재단 설립에 착수했다는 소식은 정말 반가웠다. 사는 건, 살아간다는 건 그런 게 아닐까. 그리고 최상성 회장님과 정임숙 총무님, 함께

해 준 모든 친구들아, 정말 고맙다.

병원에서 치료 못한 병이 치유되었다며, 즐거운 모습으로 우리들은 헤어졌다.

또 진갑여행을 꿈꾸며, 또또또 진갑여행의 풍성한 1년을 사랑하며 살아갈 것이다.

더 큰 세상을 향하여

- 태안은 너무 적어

2022년 11월 26일 밤 1시에 휴대폰이 울린다. 코로나19 시절의 이 밤중에 무슨 일일까? 요양병원에 계시는 아버지께 무슨 일이 생겼나 긴장하고 폰을 보니, 사위다. 오늘내일하던 큰딸에게 산통이 와 지금 동탄 병원으로 가고 있다고 한다. 서울로 이사한 지 한 달도 안 된 시기라 다니던 병원에서 계속 진료를 봐왔던 것이다. 수술실 들어가기 전에 서로 얼굴이라도 볼 수 있을까 하여 얼른 동탄으로 갈 채비를 했다. 곧장 달려갔지만, 딸은 수술실로 들어가 얼굴을 못 보고, 사위와 외손녀 서현이를 만났다. 한밤중이라 병원은 고요했다. 그 사이 사위는 서류를 접수하느라 바빴다. 우리는 33개월 된 놀란 서현이를 안고 불안하지 않게 돌보고 있었다.

딸아이가 근무하던 병원이라 당직 간호사들이 살갑게 대해 주어 불편하진 않았으나, 모든 게 긴장되었다. 수술실의 근황이 궁금하고 언제 아기가 나올지, 일각이 여삼추(一刻如三秋)라더니 딱 그랬다. 간간이 수술실 근황을 알려 주던 간호사가 "아기가 뱃속에서 너무 잘 놀고 있어 아기 태동이 잠잠해질 때까지 좀 기다려야 합니다." 얼마나 씩씩한 아기가 나오려고, 바깥세상에서 무슨 일이 생기고 있는지도 모르고 활기차게 놀고 있다니. 엄마의 배는 이미 벌려 놓았는데. 계속 긴장하고 있는데 둘째 외손녀가 태어났다. 신생아실로 가기 전에 잠깐 간호사가 아기를 보여주었다. 둥글둥글한 외손녀의 얼굴은 붉은빛을 띠고 편안해 보였다. 호랑이해에 호랑이 시간(4시 18분)에 태어난 행복이(태명)에게 큰 박수를 보냈다. 마취 중인 엄마도 '누가 내 배를 자꾸 건드리지' 엉겁결에 느꼈단다.

'아가야, 씩씩하고 튼튼하게 자라자. 태내가 좁아 뛰놀지 못했던 세상, 높이 뛰고 멀리 달려가 보자.'

둘째 아기 이름은 언니와 돌림자로 서진이라 지었다. 순하게 잘 놀고 잘 먹고 잘 잤다. 순하다고 칭찬만 했더니, 어느새 자라 고집을 피울 줄도 알았다.

2023년 11월 26일이면 첫돌을 맞이한다. 전화 받는 시늉도 잘 내고 잼잼도 곧잘 따라 하며 말귀도 알아듣는 듯하다. 모유를 원 없이 먹고 있는 박서진 아가님, 이제 이유식을 시작해야 하지 않을까요?

사랑 가득 담아 행복한 세상 꾸려가면서 이 세상은 정말 멋지고 아름다운 곳이라며, 즐겁게 살자. 서진이의 앞날에 행복이 가득하기를 빌면서.

딸기하우스에서 딸기 시인을 꿈꾸며

오월의 신록이 싱싱한 마음을 내밀 때, 오월은 여러 행사를 알려 준다. 일 많은 오월이 한창 익어 갈 때쯤, 딸기라는 이름이 동생을 통해 나에게 전달되었다.

딸기하우스가 매물로 나왔는데, 아직 내놓은 건 아니고 내놓을 예정이란다. 가격이 시세보다 좀 저렴해 소문이 나기 전에 계약하고 싶단다. 갑자기 딸기라니? 목수 일을 하다가 딸기농사를 짓겠다니 과연 잘할 수 있을까? 그러면서 의문 반, 희망 반을 품고 다양한 방향을 설계해 보니, 잘하면 집안사람들끼리의 일손으로 자영업이 될 수도 있을 것 같다. 평생 남의 일만 할 것이 아니라, 내일을 가져보는 것도 이 시점에서 나쁘지 않을 것 같다. 가족들의 손도 빌려서 하우스 일을 하면 서로 경제적인 도움을 주고 받을 것 같다는 생각이 들었다.

문제는 몇억 들어가는 돈을 어떻게 마련할 것인가가 관건이다. 그동안 저금은 못 해도, 보험은 들어 두었던 2, 30년 세월이다. 도움 안 되는 연금은 해지하고 중도인출이 가능한 것은 인출하고, 손해 본 주식도 할 수 없이 처분하고, 부족한 것은 대출로 지원했다.

딸기농장을 가 보았다. 수경재배를 하는 딸기하우스에는 주렁주렁 매달린 새빨간 딸기가 환하게 웃으며 우리를 반겨 주었다. 이제는 잼용으로 나가는 딸기라 상품 가치가 없다고 하는데도, 얼마나 토실토실 예쁘고 윤기가 나던지. 딸기를 따서 먹어보았다. 달콤한 딸기 맛이 일품이다. 딸기 딸 때의 똑똑똑 소리가 경쾌하게 다가온다. 땀을 뻘뻘 흘리며 초록 잎새 넘치는 푸른 물결 속에서 하얀 꽃잎과 빨간 딸기들의 어울림은 축제의 한마당이다. 함께 간 큰딸 가족도 딸기체험학습을 왔다며 좋아한다. 특히 세 살배기 외손녀의 웃음 핀 모습은 딸기와 함께 환한 앞날의 축복 같았다. 맘껏 따 가도 된다고 하여 욕심껏 박스 가득 채웠다. 집에 왔더니 이게 웬일이람? 모두 짓눌러 버렸다. 얼마나 조심스럽게 다루어야 하는 과일인지, 딸기를 공주처럼 대접하지 못한 내 처사를 되돌아보게 되었다.

딸기에 관심을 갖고 유투브를 열심히 보았다. 딸기 모종과 재배에 대해서도 알아보았다. 딸기 따는 방법도 시청하고 현장에서 시행해 보았다. 동생이 잘하고 있는지 염려되는 마음은 계속 전화를 하게 했다.

세상의 모든 꽃들이 피고 지고를 반복한다.

꽃이 피었다가 지면 아쉬움이 남는 게 사람의 심정인데, 이제는 지는 꽃이 희망 가득한 딸기의 빨간 웃음꽃으로 다가온다.

딸기 향 가득한 하우스에서 딸기 시인을 꿈꾸며, 빨간 딸기밭에 숨어 있는 그들의 이야기를 얼마나 들을 수 있을지 벌써부터 설레이는 마음이다.

용인 포은 정몽주 묘를 다녀와서

2023년 10월 27일 우리 시창작반에서 정치와 문학에 대한 과제를 안고 용인시 묘현면에 있는 포은 정몽주 묘역 현장학습을 하였다.

정몽주의 19대손인 나에게는 더더욱 의미 있는 학습이었다. 평생 처음으로 선조의 묘역을 참배하는 일이었다. 10명이 단체로 가는 학습이라 개인적으로 특별히 준비해갈 것은 없었다. 하지만 지금 이 순간 나는 왜 간단한 예식을 행할 제물을 장만해 가지 못했는가 하는 아쉬움이 남는다. 나 혼자 가는 것이 아니라서 아무런 생각 없이 길을 따라나섰다. 조상의 묘역을 간다는데, 좀 더 깊이 있는 생각을 못한 것 같아 미련하였다는 생각이 든다. 차량이 이동하는 동안 오늘의 학습인 문학과 정치에 대한 토론을 했다. 단군 건국신화에서 현대에 이르기까지 정치가 문학을 이용하여 발전해 온 과정도 알아보았다. 열띤 토론 중에 고려 말의 하여가와 단심가에 대한 토론도 나왔다.

노르스름하게 익어가는 가을 풍경 속에 용인의 정몽주 선생 묘역에 도착했다.(경기도 기념물 1호)

차를 주차하고 홍살문 입구를 들어서니 잘 단장된 묘비가 많다. 가만히 살펴보니 연안이씨 문중의 묘비라고 쓰여 있다. 의아심이 생겼다. 포은의 묘역에 왜 이씨 집안 문중의 묘비가 가득할까? '토지소유권이 달라서 그런가 보다.'하며 나 혼자의 생각으로 묻어두었다. 그리고 문화 해설사의 설명을 들었다. 포은 정몽주 선생은 1392년 음력 4월4일 선죽교에서 순절했으며 다리에 버려진 시신을 인근 승려들이 수습해 개성군 풍덕리에 묻었다. 1407년 포은 선생의 묘를 고향인 영천으로 이장하는데, 갑자기 바람이 불어 맨 앞의 명정이 날아가 현재의 묘소가 있는 산중턱에 꽂혔다. 다시 상여를 옮기려 했으나 포은의 관은 땅에 붙은 듯 움직이지 않았다. 이때 어떤 풍수가가 그 자리에 묘를 쓰자고 했더니, 관이 움직여 현재 이 자리에 있게 되었단다. 쇄포면이라는 이 지역의 능원리에 포은 정몽주를 안장한 후 "충신(현인)을 사모한다."라는 뜻을 담아 모현면으로 개칭되었다. 아늑한 풍경이 사후라도 편히 쉬라는 것 같다.

주변 좌우에 있는 묘에 대한 해설사의 설명을 듣고, 오른쪽에 있는 이씨 집안의 묘에 대한 의아심은 풀어졌다. 정몽주의 증손녀가 연안이씨 저헌 이석형과 혼인하여 첫 아이를 낳다가 세상을 떠났다. 하여 증손녀는 자손도 없었는데, 후처로 오신 분이 자손들을 많이 낳으셨다. 그런데 첫째 부인과 합장했단다. 자손 없는 첫 부인에 대한 사랑이었을까? 예(禮)였을까? 잠시 생각에 젖어 보았다.

포은의 단심가와 어머니 연안이씨의 백로가 시조 석비가 좌우로 세워져 있다. "이 몸이 죽고 죽어 일백 번을 고쳐 죽어 백골이 진토 되어 넋이라도 있고 없고 님 향한 일편단심이야 가실 줄이 있으랴"라는 단심가와 "까마귀 싸우는 골에 백로야 가지 마라 성난 까마귀 흰빛을 새오나니 청강에 고이 씻은 몸을 더럽힐까 하노라"는 '백로가'다. 경사진 길을 조금 더

올라가면 왕릉처럼 잘 조성된 포은의 묘가 있다. 묘역은 난간석과 12곡담이 둘러진 가운데 장명등, 망주석, 석양, 호석, 문인석이 좌우로 설치되어 있다. 묘비는 1517년 중종 12년 수축 당시 세운 것으로 고려의 문화시중이라는 벼슬이 기록되어 있다. 조선의 '의정부 영의정' 벼슬을 추존하여 묘비를 세웠는데, 벼락을 맞아 부서져 버렸다. 죽어서도 조선의 벼슬은 하지 않겠다는 포은의 뜻이라 여기고 다시 '고려문화시중' 벼슬로 비석을 세웠단다.

왼쪽에 있는 묘는 포은의 장자인 원사공, 장손인 설곡공의 묘가 오르막 능선을 따라 계단식으로 이어졌다. 설곡이라는 말에 세포들이 곧추서며 "우리가 설곡파에요." 나도 모르게 큰 소리로 말했다. 나의 윗대 조상 묘를 처음 와본 나는 묘한 감정에 휩싸였다. 스쳐 지나가는 바람처럼 흘려듣고 말았던 아스라한 이야기가 여기서 전해지고 있다니. 설곡인지 설록인지 횡설수설 그게 그거겠지 하며 관심 없던 나의 뿌리에 대한 미안함이 나도 모르게 내가 설곡파 후손이라고 외치고 있다니. 그것도 자랑스럽게.

해설사께서 더 깊이 있게 설곡 선생님에 대한 이야기를 한다. 세조 때 사육신인 성삼문, 박팽년과 친한 친구 사이라 세조에게 무슨 일로 대들다가 능지처참을 당하게 되었다. 형벌을 행하기 전에 세조가 물었다. "저자가 누구냐" "포은 정몽주의 손자입니다" 그 소리를 듣고 세조는 마음을 바꾸어 영천으로 귀향을 보냈다. 영천에서 산청군 단성으로 다시 유배지가 바뀌었다. 지금 우리가 살고 있는 동네가 단성 옆에 있는 하동군 옥종이다. 선조들이 산청군 단성면과 하동군 옥종면에 살게 된 연유를 알게 되었다. 집에 와서 인터넷으로 다시 검색하여 어설픈 나만의 생각을 정리해보았다.

학습으로 떠난 문학기행이 나의 조상을 알아보는 계기가 되었다. 떠도는 말로만 들었던 뿌리에 대한 족보가 어느 정도 윤곽을 잡을 수 있었다. 다시 한번 더 찾아올 것을 마음으로 다짐하고 차 한 잔을 포은 선생님 묘상석에 올려놓고 큰절을 드렸다. 설곡 선생님 묘역은 등성이 너머로 인사를 하고 다음에 꼭 다시 오겠노라고 나와의 약속에 새끼손가락을 걸었다. 포은과 설곡의 묘를 평생 처음 와본 나의 감회는 그 누구보다 흐뭇하였다. 현장학습을 계획해 주신 나순옥 시조시인 스승님과 우리시 문우님들, 함께해 주셔서 정말 고맙습니다.

부록

저자 정현경이 걸어 온 길

1963년 7월 5일생
(아버지 연일 정에 찬자 화자와 어머니 전주 최에 재자 윤자의 6남 1녀 중 4째, 이복남동생 1명)
1966년 할아버지 사망
1974년 어머니 사망(6월 6일 현충일)
1976년 새어머니 오심(3월 3일)
1987년 할머니 사망(음력 1월 4일)
1991년 평택임씨 병희와 결혼(6월 16일)
1992년 첫딸 임소정 태어남(4월 17일)
1995년 둘째딸 임예진 태어남(2월 16일)
1997년 아들 임호성 태어남(5월 8일)
2018년 큰딸 임소정, 밀양 박씨 상준과 결혼(5월 19일)
2019년 둘째 동생 연순(연술) 사망(10월 21일)
2020년 첫 외손녀 태어남(2월 27일)
2022년 시어머님 사망(2월 2일)
2022년 둘째 외손녀 태어남(11월 26일)
2023년 아버지 사망(4월 28일)

학력

1974년 옥종초등학교 42회 졸업

1977년 옥종중학교 25회 졸업

1981년 선명여자상업고등학교 졸업

1984년 한국방송통신대학교 유아교육과 졸업

1987년 홍익대학교 미술교육원 수료

1990년 한국방송통신대학교 법학과 졸업

2009년 경기도 영아보육 전문 교육과정 수료

2014년 치매예방 트레이너 교육 수료

2017년 집단상담프로그램 수료

2017년 실버건강관리사 과정 수료

2019년 웰다잉 교육과정 수료

경력

1982년 - 1988년 한국방송통신대학보사 업무부 근무

1988년 - 1993년 한국방송통신대학 부설 동숭어린이집 교사 근무

1993년 - 1995년 늘푸른 어린이집 운영 원장

2004년 - 2006년 덕정초등학교 병설유치원 기간제 교사 근무

2006년 - 2007년 리틀영재어린이집 교사 근무

2007년 - 2008년 햇살고은 어린이집 교사 근무

2009년 - 2013년 덕원어린이집 교사 근무

2014년 한마음 요양원 요양사 근무

2017년 - 2018년 삼성숲 어린이집 교사 근무

2019년 - 2020년 노인돌봄종합센터 요양사 근무

2021년 - 2020년 이레어린이집 교사 근무

자격증

1980년 주산 1급 자격증

1980년 부기 3급 자격증

1980년 타자 4급 자격증

1984년 유치원 2급 정교사 자격증

1986년 자동차운전면허증 2종 보통

1991년 보육교사 1급 자격증

1993년 보육시설장 자격증

2010년 요양보호사 1급 자격증

2015년 사회복지사 2급 자격증

2017년 레크레이션 코치 1급 자격증

2017년 시니어 행복코디네이터 자격증

2019년 웰다잉 상담심리사 1급 자격증

2019년 노인통합지도사 1급 자격증

사업

2015년 임대사업자 등록

문학상

2007년 김삿갓 백일장 산문 장려 수상

2008년 제22회 반월문화제 운문 장원 수상

2013년 김삿갓 전국문학대회 운문 특별상 수상

2019년 진천군민백일장 운문 차하 수상

2019년 농다리 축제 백일장 시조 참방 수상

2019년 표암 강세황 미술대전 시화전 당선
2019년 포천 글사랑 백일장 산문 장원 취소(관내 미거주자라는 이유로)
2021년 스토리문학상(수필부분) 수상
2021년 청풍명월전국시조백일장 장원 수상
2023년 노산시조백일장 입상
2023년 문경새재 여름시인학교 시조백일장 입상
2023년 가람전국시조백일장 입상

정현경 자전에세이

바람은 썩지 않는다 · 2

초판발행일 2023년 12월 5일

지은이 : 정현경
발행인 : 김순진
편집장 : 전하라
디자인 : 김초롱
펴낸곳 : 도서출판 문학공원
등　록 : 2004년 3월 9일 제6-706호
주　소 : 우편번호 03382 서울 은평구 통일로 633
녹번오피스텔 501호 스토리문학사
전　화 : 02-2234-1666
팩　스 : 02-2236-1666
홈페이지 : https://blog.naver.com/ksj5562
이메일 : 4615562@hanmail.net